金冲及文丛

漫谈治史

金冲及 著

生活·讀書·新知 三联书店

图书在版编目（CIP）数据

漫谈治史 / 金冲及著 . — 北京 : 生活·读书·新
知三联书店 , 2024.6
（金冲及文丛）
ISBN 978-7-108-07834-6

Ⅰ . ①漫⋯　Ⅱ . ①金⋯　Ⅲ . ①中国历史－近现代－研
究　Ⅳ . ① K250.7

中国国家版本馆 CIP 数据核字 (2024) 第 081679 号

责任编辑　唐明星
装帧设计　刘　洋
责任校对　常高峰
责任印制　宋　家
出版发行　生活·讀書·新知 三联书店
　　　　　（北京市东城区美术馆东街 22 号　100010）
网　　址　www.sdxjpc.com
经　　销　新华书店
印　　刷　河北松源印刷有限公司
版　　次　2024 年 6 月北京第 1 版
　　　　　2024 年 6 月北京第 1 次印刷
开　　本　635 毫米 × 965 毫米　1/16　印张 15.5
字　　数　179 千字
印　　数　0,001 - 8,000 册
定　　价　49.00 元
（印装查询：01064002715；邮购查询：01084010542）

2015年，85岁的作者登上
夹金山考察，左为邵建斌

2015年，我曾两次重走长征路，先后到了贵州的猴场、遵义、乌江、娄山关、赤水河，四川的古蔺、叙永石厢子、安顺场大渡河、泸定桥、夹金山、松潘草地、小金县；甘肃的腊子口、哈达铺、会宁。每到一地，回顾当年红军长征的历史，对实地考察产生了新的感受。夹金山海拔4000多米，看这张照片，红军就是从这里翻越雪山的。

——金冲及

和六十岁左右同行谈谈 S

六十岁左右，是许多同行退休的日子。这在人生道路上可说是一个重要的转折点。在报上看到，中国人的平均寿命已达到七十六、七岁，北京和上海市民的平均寿命已达到八十二、三岁。那么在退休后的二十来年中，我们在准备时，需要作些什么准备呢？

各人的情况不同，对这个问题会有不同的回答。这是很自然的，也是合理的。例如，有的同志确已年老体衰，一辈子已为国家和人民做了不少工作，现在余力不多，应该好好保养身体，看看国家和世界的发展和变化。我曾听一位数学同志劝他的老友，送给他四个字，要好好"颐养天年"。这就是合情合理的。再如有的同志对原来从事的工作虽然一贯尽职尽责，但并没有发自内心的特殊爱好，那末在退休后多抽些时间参加一些自己爱好的以前没有很多时间参加的活动，如跳舞、下棋、看各种书等，以满足生活的各方面需求，那也是合情合理的。还有，一些同志在退休后，还有很多家庭和社会生活需要他去做的事，无力再去从事过去长期所作的工作，或者从事某种工作的条件已不再具备，只得放下。这也是常见的事。对这些同志提出种种不切实际的要求，就违背了实事求是的原则。

因此，我准备谈谈的对象，不是以上种种状况，只是和我同行的对原来从事的史学工作仍有浓厚兴趣、头脑中还有一些值得研究的问题、只是因为已到或将到退休年龄，就放下来，不再打算继续有计划地作些认真的研究工作，那就很可惜了。

我在这方面是过来人，我今年92岁了。在2004年，也就是74岁时办了离休手续。因为和陈群同志共同主编的《陈云传》没有完成，继续工作了整整一年，每天还是早上八时上班，下午六时下班，整整干了一年，才改变过去按时上班的习惯，

〈如果将笔该高件的1990年算起，我是23了了〉

到现在已经有了17年，三联书店为我出版了十几本"文丛"，大多是在这17年中写的。所以，我想把长时间实践中的体会写下来，算是同现在正面对或将面对退休生活的史学同行的一次谈心。

拿我几年的感受来说，六七十岁或更老的精彩，对一个史学工作者来说，尽要注意身状况允许，那要在你得到黄金时刻。这不是夸张，而是由于有几个主要的实结原因。第一、从事史学工作有一个重要条件，就是知识的积累，这需要化很多时间才能达到。最初，尽管比较年轻时记忆力更好，但你记住的往往还是比较分散的，随着知识面积累达到一定程度，常会忽然融会贯通，产生好的理解和认识。这需要时间。第二，年龄的时候往往积累了丰富的经验，对史事的判断容易较为精准，大了解事物的全期发案件。年龄的长处是敏锐性和创造力，但有时也会失之偏颇或流于简单化。我听一位长者说过：有些事是要靠吃饭来解决的。青年和老年各有长处和短处。只是讲别人不要因题来占"时代车辆而过分地否定自己。第三，从我自己来说，离休前主要而工作时间（有时可以延长至工作时间）都用于现在工作岗位所重需的任务。这自然是必需的，以集体事业来说算更重要的。但在工作过程中也积累下不少自己在工作中产生的问题和想法，但那时只有把它搁在一边，不能用很多时间去研究它。退休或离休之后下来看，尽管也有不少集体主代高工作应该负责地去做，但可由自己支配的时间总比少蔚会更不少，可以挤进时把原来积存的问题

（右侧批注）
这段时间

还不很系统

整体性的

和想法陆续 整理 写出来，给自己 南青 粗存下来，趁 现在 还有精力做的工作做出来。这也了却自己的 一个心愿。

（自己退休年龄以后）

当然，不管怎么说，自退休以后的日子终究已屈指可数，而且人的精力越到后来步定会越衰退，了了始终抓得精了纯两，因此，如了有有限的实日中多少还种做成一两件事，实现自己的一件心愿，这里 短促 很重要的是要及早对今后的岁月有一个

这里，首先要想清是自己在一段时间内 一度 的目标，这个目标 主要看 要衡量它相对的重要性和可解性，确定努力的主次和实行步 的先後 骤。要愿时要及茂拮量利弊，下了决心就不再动摇，这里自己对自己许的愿，走不到胡 也得爬到。不胜什么都碰到，什么就做什么，尽干些零、碎碎的事，且许有 最 两年计不足，来了捐不出一个 账書。当然，这是从总体来现的，日常生活中遇到一些零碎琐和意料是无法完全避免的，但纵里的打算决不能动摇。这样才能做成一两件成功的事。

我 曾 读过毛之席回女儿李敏写的《我的父亲毛泽东》（辽宁出版社出版）。其中讲到毛之席跟她提过她父亲曾讲的一句话："吃水，用水，《无对再一世界。"大家都不满毛之席对她母亲的感情作第1章，而对地父亲相当不满意。但他把父亲说过的名句语不但牢牢记得，还用来教育他的女儿，可见他对此句话留下很深的印象。当然，他境这句话

（有有不小影响）

的任细
面盘零底，不能起了哪？？，那里，结果就把本来了以做到的事 有 白地 雖雜 白去了。

目　录

漫谈治史

谈谈治学的基本功　3

谈谈问题意识　30

谈谈写文章　41

学风问题至关重要　51

历史是最好的教科书　54

中国传统文化三题　61

中国近代历史的几个根本问题　69

当代人应该写当代史　94

人物传记中的几个关系　98

对毛泽东传记写作方法的几点认识　103

和 60 岁左右同行谈谈心　110

干部要学一点历史　121

历史科学的特性和作用　128

以求真的态度研究历史　　138

行万里路　150

历史、历史学家与人民共和国的六十年

　　——金冲及访谈录　165

博学笃志　切问近思

　　——金冲及治学访谈录　182

外二篇

论中央红军第四次反"围剿"斗争　203

谈苏中七战七捷　222

后　记　244

漫谈治史

谈谈治学的基本功

我在中央文献研究室工作了几十年，到中央党史研究室来就跟回家差不多，很多同志都认识几十年了。既然像回家，就不用写成稿子来念，可以像随便聊天那样。我想了一个题目："谈谈治学的基本功"。照理说，应该讲怎么做党史研究工作，但这个题目太大，包括的内容更多，有的极重要。我今天只讲讲治学的问题，特别是治学的基本功。

我入党和参加工作，到明年就 70 年了。工作中常听人说：一个单位，一是要出成果，一是要出人才。比较起来，出人才也许更重要，因为有了德才兼备的好人才一定能出好的成果，没有好的人才就谈不上有好的成果。

要出好的成果，通常都需要有规划、有要求、有重点、有保障的措施，其实出人才也同样，也是需要有规划、有目标、有重点、有保障的措施。

为什么在治学中，着重讲讲基本功呢？我刚到中央文献研究室工作时，正好是中国女排五连冠的时候。女排五连冠当然了不得，全国关心，世界瞩目。为什么中国的女排能五连冠？当时荣高棠同志管体育工作，他写了一个总结，隔了那么多年给我留下的印象还非常深。他把经验归结起来说了一句话："高标准，严要求，勤学苦练基本功。"他对基本功还做了个解释："什么叫基本功呢？就是那些经常起作用的因素。"对这句话的感受，确实是令人越来越深。基本动作要苦练无数遍，而且要求十分严格。否则就培养不出郎平那样一批优秀运动员，也不可能有中国女排"五连冠"。拿我自己经历的感受来说也好，拿我看到的别人来说也好，尽管远没有达到那样的水平，但能不能很好地成长，基本功如何确实是治学的一个根本。

先拿我自己为例子，刚才冯俊同志已经说了，我的经历变化很多，原来在复旦大学，我是1951年毕业的，1953年开始给学生讲中国近代史的课（当时这门课是讲从鸦片战争到五四运动，没有包括中国共产党成立以后的历史）。那个时候复旦历史系教师阵容很强，一级教授有一个，就是周谷城先生，二级教授有六个，怎么轮上我们去讲课呢？因为很多老先生以前认为研究近代史不算学问。但是院系调整后，教育部统一规定，所有历史系都要开近代史课程。我教这门课一直教到1965年，教了13年。以后，把我调到北京，当时是在文化部工作。但没过多久，"文化大革命"就开始了，我被审查了五年，说是国民党特嫌。地下党很多问题本来不容易说清楚。这是有一个国民党特务有意陷害，写了一个据说活灵活现的材料，害得我三年跟家里人没有见面，五年里除了受审查和劳动外不能看什么书。后来怎么会到文物出版社去工作？那时候大学的文科也停了，哲学社会科学学部工作也停了，由于马王堆的发现，周总理亲自批示要恢复几个杂志，《文物》《考古》《考古学报》，另外还有恢复文物出版社。周总理亲自批示要进口新的印刷设备。文物工作负责人王冶秋同志不管我的特嫌审查还没有做结论，就下了调令。这样就调我来文物出版社先后任副总编辑、总编辑，到了1981年才到中央文献研究室。说实在的，讲起这个经历，跟许多同志比起来，我的基础是很差的。当然我入党那么些年对党史多少也知道一些，但以前只有一些 ABC 的常识，最多就是看过中宣部编的"三口袋"材料，虽有如获至宝之感，但终归不是自己的专业，只是马马虎虎看看，其他都不知道。所以我刚到中央文献研究室时，听同志们在讨论中讲到一些常识，比如决定下井冈山的柏露会议、长征过程中的沙窝会议等，我都闻所未闻，不知道是什么，就是那么一点知识基础。

我的工作变化那么多那么大，回头来想，比如在文物出版社待了十年，现在文物工作和出版工作都不做了，许多知识就用不上了。而对我一直有用、一直起作用的，我觉得是三个东西，大概就是所谓基本功吧。

第一个是基本知识面比较宽，还比较扎实；第二个是对问题思考分析的能力；第三个是文字表达能力。这大概就是刘知几在《史通》中讲的史学、史识和史才。做研究工作，总要先熟悉它，再要理解它，最后是怎样表达它，缺一不可。这是长期探索和积累的方向，永无止境。

拿我自己来说，无论在复旦大学也好，文化部也好，文物出版社也好，到中央文献研究室也好，能比较快地进入角色，还能做一点事，我想最得益的就是刚才讲的这三个方面。

再说，中央文献研究室副主任的工作我做了二十多年，十几年是常务副主任，亲眼看到许许多多大学毕业生到中央文献研究室做编辑和研究工作，也有一个感触：不管你读的是历史系、哲学系、经济系、中文系，凡是具有这三条的，多少年后肯定能有很大进步和成就。反过来说，这三条里缺哪一条，后来的进展就有限。因为看得多了，一比就比出来了。尤其对年轻人来讲，这个问题更重要。我想人就是这样，有比较聪明的，也有不那么聪明的，但是大体上说差不了那么大。至于时间，反正每个人是一样的，只有这么点时间。为什么进大学时差不多，四年后大学毕业时距离就明显拉开了，工作一二十年后，距离拉得更大了，原因在什么地方？往往也在这些根本问题上。

勤学苦练基本功就得下决心从其他方面腾出必要的时间和精力来，这是值得的。长期坚持下来就会见效。那些年，我常对年轻同志说，要"不争一日之短长"。一位当时刚从大学毕业，现在已经退休的中央文献研究室原室务委员最近对我说：当时给他印象最深的，就是这句话。

所以，基本功是对人一辈子起作用、无形而有着巨大影响力的因素。

一、知识面问题

关于知识面的问题，也可以讲几点。

第一，牢固地掌握基本知识。

初学时跟后来需要具备的知识不一样。初学时是怎样扎扎实实地掌握那些 ABC，等到要做专门研究工作了，那又是一种要求，这两者并不完全一样。一开始最需要的是对专业工作有关的基本知识，一定要牢牢地掌握，那是一辈子靠它的。这方面很重要的是：宁可粗一点，一定要准确。这十分重要。我改过好几次行，最苦的一次，是到文物出版社当副总编辑、总编辑。从来没有做过这个工作，而且那时的规定，出版社总编辑签了字可以定稿发稿，没有人再审查了。去以前，我的基础差到什么程度呢？连旧石器时代的石器跟路边的一块石头有什么区别也说不清。当时特别用功，除白天忙出版社的工作外，天天晚上回家就补 ABC。三个月看考古的基本知识，然后一个月看青铜器，一个月看陶瓷，一个月看古建筑，一个月看书画，等等，那就是 ABC。每个方面先了解这方面最好的书，不是选一本，而是选两三本，用心读，读的时候不能平均使用力量，什么都详细记，结果很多将来未必有用，而且也记不住。在这个阶段，主要是记两种内容：一是基本的脉络线索，二是今后常常要用到的一些知识，这两个最需要弄清和记住。看完那两三本书以后，综合起来，把基本的线索梳理一下，把需要用的知识摘下来，用一个本子，按照我自己的理解把它简要地记下来。也就是那么几页乃至十来页纸。一记发现中间有的地方连不上了，或者有些重要地方记不清了，再重新看一看补上，印象就深了。反正这样一门过去了再来一门。我过去读书基本不做笔记，但是那一年规规矩矩地做笔记。过去为什么不记？就是舍不得时间，想利用这时间多看一些书。但事后来看是划不来的。

举个简单的例子，如古代瓷器，这跟咱们今天的工作不相干，但方法是一样的。先看瓷跟陶的区别是什么？三点：第一是原料，叫高岭土。第二是要上釉。第三温度要 1200 度以上。它前后的发展过程怎么样？最早的春秋战国时候叫釉陶，或叫原始瓷器，到了秦汉以后龙泉窑青瓷出来了，到唐朝有名的是北方邢州的邢窑，跟南方浙江的越窑，邢窑是白瓷，越窑是绿瓷——所以有"邢窑白如雪、越窑冷如冰"的说法。到宋代，有定、钧、哥、汝、官五大名窑，民间用得多的有磁州窑等，元明景德镇兴起来了，青花占了重要的位置，明代最有名的叫宣德青花、成化斗彩。到清代康雍乾时就更多了，五彩、粉彩、珐琅彩等等，而且形态也各种各样的。这些是四十多年前读的，到中央文献研究室工作后不再接触，但印象很深，至今大体还记得。

基本知识要力求系统化，不能只是零碎的。不要在茶余饭后高谈阔论，仿佛无所不知无所不晓，仔细推敲一下，许多内容都似是而非，更谈不上能系统地解决一个问题。那是不行的。

刚才说的是上世纪70年代初期的事，以后不用，但大体还记得，说明那时是认真的。有了这些知识，工作就可以勉强对付了，算是初步入门吧，否则连人家的稿子也看不懂，人家跟你说话一听你是外行，就不愿意跟你多说。当时在读完后，把需要记住的花两三天经过整理写下来。这样，一个月学到的东西就基本到手了。如果舍不得这两三天，过一阵都忘光了，结果一个月的时间全白费了，或者只有一些一知半解和并不准确的记忆，哪一个划得来啊。花这种笨功夫是值得的。

因为文物离不开历史背景，第二年，晚上我就读《资治通鉴》《续资治通鉴》，读了整整一年，没有干别的。另外，尽量同一流的专家多接触，多听他们谈。所以，这工作我干了十年。

其实做文物工作和后来的工作也有相通的地方。基本的脉络线索、必须记住的事实、经常会碰到的事情一定要记住，而且要准确。假如这方面不扎实的话，出了漏洞，内行的人一下子就看出来。这叫"硬伤"，人家对你讲的别的东西也不信任了。所以那时宁可多下一些笨功夫。

总之，ABC这类东西，宁可粗一点，但一定要准确。尤其是年轻人，记忆力好，用心看几遍，一辈子都记得。这时机不能错失。以后随着工作边干边学，滚雪球，每一步都认真，不马虎，慢慢地这方面的知识就掌握得越来越多。

第二，掌握丰富的第一手材料作为工作的依据。

这是知识面中的重要问题。研究工作中大家都知道材料的重要。乾嘉时代的目录学，是要告诉你关于这个时期这个方面有哪些书，它的长处和短处在哪儿，我们的前辈学者都是从认真读四库全书书目提要、张之洞的书目答问下手，你不能一下子什么都看完，也得对这方面的知识有个大体的了解，知道遇到问题该去找什么书。

1998年，我到日本京都大学做了半年客座教授，也有几个大学让我去讲讲。东京的中央大学给我出的题目就是"关于中国解放战争时期的书籍和资料"。为了便于他们知道该怎么下手做这方面的研究，因为他们看不到我们国内那么多书。熟悉资料的办法还有很多。过去我每个月至少要去一次书店，看又出了什么书，至少把前言后记翻一翻，可以知道这个书大概是些什么内容，需要时就可以找来看。

做研究工作时，我至少有三分之二的时间是看资料档案，当然也要看别人在这方面的重要研究成果，真正动手写的时间大概不到20%。你采访人，先要认真准备，如果基本资料都不熟悉，或者对方关系密切的人也不知道，跟你谈的人就不想往深处去讲，反正你又不懂，我费那个力气干什么？要是你对问题有相当的了解，他会越谈越起劲，也会谈到深处。你还知道哪些问题需要问问他，再弄清楚。所以我们研究历史的人，就是看重材料，一天到晚地读材料。

陈云说，我们做工作，要用90%以上的时间调查研究，用不到10%的时间决定政策。对我们来说，早一点的历史当事人，现在可以说已经没有多少了。那我们怎么调查？我们阅读当时的档案资料可以说也是一种调查研究，尽管它还有不少局限。

　　看档案也有一个怎么看的问题，是"看活了"还是"看死了"，假如说看完以后脑子里还仍然只是一张一张的纸，一篇一篇的文字，那就是"死"的，说明你没有看懂。假如说看久了又在脑子里再现出来，这个事件的前后经过、中间有什么争论和困难，好像是活生生的有声有色的事情，那样是读懂了。打一个比喻，等于看电影，一张一张胶片都是静止的，不动的，但是放在放映机上用电力充进去一摇，在荧幕上全活了。同样的道理，档案一张一张纸，像一张一张固定的胶片，只看一张张胶片，盯着看得再仔细还是不活的。放电影的"电力"就好比我们看档案时的理解力，把它贯穿起来放在当时的环境里，在你眼睛面前出现的是活的事实，那你就是读懂了。当然，一部影片的胶片是完整的，而史料并不完整，是残缺不全的。放的时候这个"电力"除了理解力以外，有时候也需要有点想象力。

　　但这种想象力要小心。我们研究党史的人，最忌讳的就是瞎编，有些称为报道文学的就是这样。有一本写1976年粉碎"四人帮"的书，内容很好，许多都是当时的原话，材料很珍贵，因为我们当时采访过李先念，跟这本书中讲的语言也是一致的，这些都没有问题。但是有些地方，比如描述江青跟张春桥两个人在一起，讲到张春桥喝了一口水，把眼镜推一推接着又说什么。我问作者这些内容你从哪里来的？如果有第三个人在场，还可以说是他回忆亲眼看到的，这里只有两个人，他们两个人即便是写交代，也不会交代他把眼镜往上推一推、喝口水啊什么的。这一看就知道是作者自己编的。我问作者，他说是因为出版社要增加一点可读性。我说：这一来读者对这本书就会打折扣，不知道书中有些情节是真实的还是作者为了增加"可读性"而编造的。

又比如有一次去邓大姐那里，听她说到过龙飞虎写了一本《西北高原帅旗飘》。书中讲到 1946 年 11 月，总理从南京回延安，主席、总司令都到机场去接。邓大姐说他们过去倒是接过几次，但那次他们没有去。这倒也罢了，可能是记忆错了，因为平时他们也有接的。但书中还讲沿路两边老百姓敲锣打鼓地欢迎。邓大姐说延安在那年 10 月、11 月为了准备对付国民党进攻，大批人已撤退到瓦窑堡去了，那次从机场出来两边人都没有，哪来的敲锣打鼓？龙飞虎说，那都是那些秀才们帮我弄的。我们写《周恩来传》时，《西北高原帅旗飘》中的材料一条都不敢引，谁知道是真的还是"秀才们"编的。

在看材料时确实要分析，是什么人写的，这个人跟事件的关系到底怎么样；有关系，是决策层的，还是一般的。对档案也要分析，一般说档案是最可靠的，最主要的还是相信档案，不相信回忆录。但是回忆录也不能不用，有的事是单独两个人商量的，或者只有很少人知道而没有记录下来的，甚至还有当事人说明档案有误，往往证明很多是可靠的，怎么能不用呢？档案留下来的一般说当然是可靠的，但是档案在某种程度上也要分析，有的人出于一种私心，回避自己的什么，或有意为自己辩解，有的档案记录得未必准确。

还有一些特殊情况。军事科学院"文化大革命"前的军史部长奚原同志曾和国防大学的姚旭同志帮粟裕同志整理回忆录，是粟裕同志自己详细讲的。解放军出版社出版的这些将军们的回忆录我都买了，一半以上是看过的。我觉得《粟裕战争回忆录》写得最好，读的时候能感觉到这是统帅眼睛里的战役，说了他对形势的分析、权衡利害，怎么做判断，大家只要去看看就知道。有的回忆录大概主要是一些秀才帮助写的，读起来是战地记者眼睛里的战役，差别很大。

《粟裕战争回忆录》里有个别很复杂的情况。奚原同志有一次跟我讲，豫东战役，那次消灭了区寿年兵团，又打掉了黄百韬兵团的一部分。他们讲从档案来看，当时是要打邱清泉。粟裕说，邱清泉我根本没有想过要打，邱清泉的第五军是最精锐的一支部队，你要打掉他，要把他吃掉，至少要用四个纵队，三个纵队都不够，但是那时候手里只有五个纵队，开封附近交通四通八达，别人的援兵一下子就可以上来，留一个纵队怎么能够对付得了，所以我根本没有想打邱清泉。奚原说你给中央的报告是说要打邱清泉啊。粟裕讲，中央本来要我渡江南下，我跟中央说还是留在中原这个地方，有大仗可以打，中央接受了，现在要你打邱清泉，你又说不能打，你什么意思啊？奚原又问他，我看你对下布置准备工作也是说要打邱清泉啊？他说，下面做好了打邱清泉的准备，那要打区寿年不就更容易了吗？最后实际上是，把区寿年兵团和一部分黄百韬兵团共7万人消灭了，中央就一句批评也没有。这些没有都写出来。至于有的事情是分析性的，就不能用叙述式的语言，只能说"看来是什么什么"或者"根据情况可能是什么什么"。

第三，知识面要广一点。

毛主席讲怎么研究党史，根本方法是全面的、历史的方法，又提出"古今中外法"是一个方面。中央文献研究室曾一再提出这样的要求：研究刘少奇的不能只熟悉刘少奇的材料，研究周恩来的不能只熟悉周恩来的材料。同样一件事情，两个人写得不一样，那不行的，总得分析这个历史。古今是历史的发展，中外是中国、外国，自己这方面、别人那一方面，要有比较宽广的眼界。中央党史研究室第一任主任是胡乔木同志，胡绳同志说他是百科全书式的学者，其实我觉得胡绳同志也是百科全书式的学者。胡绳同志我可以说太熟了，真是佩服他。他不仅对中国近代史、古代史、世界史，一直到哲学、经济学、社会学，都有独到的见解，确实了不得。讲得不好听一点，我看我们现在理论工作者中达到他们两位那样水平的真还没有。最多是在某一方面是专家。那是更高的标准，不敢跟他们比了。但作为党史工作者，至少中国史、世界近现代史，在我们自己这里的，共产党这一方、国民党这一方、民主人士这一方，这跟我前面讲的 ABC 不同，都应该有所了解，甚至比较熟悉。

知识面宽一点，有几点好处：

一是事物在时间和空间上往往是有联系的，离开了周围那些，很多事情就不能理解。我记得在抗战胜利前做高中生的时候，看过梁启超的《中国历史研究法补编》，他举的一个例子给我的印象很深。他批评李瀚章主编的《曾文正公年谱》，里面只有曾国藩的奏稿、批件和活动，没有太平天国方面的活动情况。他打了一个比方，说好像从门缝里看人打架，只看见一个人，看他一会儿进一会儿退，最后看完了还是不知道为什么他能赢，为什么他会输。在中央文献研究室编写《周恩来传》时，我也说过一个比喻，如果要拍一个郎平的片子，如果镜头始终只对着郎平一个人，你看郎平像发疯一样，一会儿跳起来，一会儿地上打个滚，那不行。一定要有对方，对方那时古巴的路易斯扣球一下扣下来了，为什么她在地上一滚，把球救起来，对方整个布局是怎样的，什么地方正好是个空档，她一下扣球扣在这个地方对方就没法救，自己队孙晋芳这个二传手，传球恰到好处。如果没有这些内容，就不能懂得郎平，也看不出郎平到底高明在什么地方。

　　所以研究历史，即便是写一个人的传记，也不能只看到他一个人，甚至只熟悉他的某一时期或某一方面，分得越来越细，对周围环境、时代氛围、民众心理、问题棘手之处和其他有关人的状况都不甚了解，就不行了，总之要前后左右都熟悉。

　　比如研究毛泽东、蒋介石是怎么应对三大战役的，必须研究面对复杂而激烈变动的客观情况，他们各自是怎么考虑怎么应对的，眼光不能太狭窄。写《周恩来传》的时候，我对李琦同志说：花时间最多的往往是在书里篇幅最少的，花时间最少的往往是书里篇幅最多的。为什么呢？比如说北伐时，1928年6月打进北平、天津，张作霖出关被炸死，12月，张学良东北易帜。而1929年3月，蒋介石和李宗仁开始打起来了，以后，国民党内部各派系大规模混战，一直延续到中原大战。这里面就产生一个问题，1928年6月到1929年3月，蒋介石那时候打着孙中山的三民主义旗号，很多人对他抱有希望。更重要的，从1915年袁世凯称帝以后，中国军阀割据、混战一直没有停过，到这时他号称统一了，而且从1928年的6月到1929年的3月，没有大的战争。以前混战时候铁路交通长期中断，这个时候南北交通恢复。在这种状况下，整个民族工商业相当大幅度地上升，到后来又掉下去了。在这一阶段中，国民党统治确实一度处于相对稳定的阶段，很多人对它抱有希望。了解了这个背景，瞿秋白那个时候讲革命仍然处于高潮中，提出发动全国总暴动的方针，这个时候行吗？这就可以看得更清楚，什么叫"左"倾盲动主义，这就叫盲动，因为他眼睛里没看明白中国当时是什么实际状况；陈独秀们这时把蒋介石看作是资产阶级，并且认为现在资产阶级革命已经胜利。去搞农村土地革命、组织红军，那就像土匪一样，他提议要集中力量推动召开国民会议，发展民主。这确实是右倾取消主义。其实，国民党的统治当时只是相对稳定的，但是基本矛盾和问题并没有解决。红军正在从小到大地发展起来，星星之火可以燎原。这些放在当时中国历史的大背景下，对共产党内盲动主义也好，取消主义也好，都清清楚楚，就是这么回事儿。当时写《周恩来传》，前面那些只能概括地写，不能写多，写多了会喧宾夺主。而当时某些重大政治活动材料很集中，组织一下就写出来了，篇幅都很大。

再举一个例子：1941 年皖南事变以后，大家极为悲愤，许多人认为是"四一二事变"的重演，国共关系要破裂了，但是到 1942年初，蒋介石说要见毛泽东，毛主席那时候还考虑去，这是怎么回事？那是跟 1941 年 6 月苏德战争爆发，特别是 12 月太平洋战争爆发有关。1939 年的时候，我们很担心国民党要投降，相当程度上认为现在反共摩擦是因为他要投降。但是 1941 年那两场战争一爆发，英美对日本宣战，蒋介石还被封为盟军中国战区总司令，四大领袖之一。毛主席说，在这种情况底下蒋介石不会投降的，不会投降我们就可能跟他合作。前后演变，变来变去，同国际局势的演变有很大关系。毛主席常讲内因是根据，外因是条件。条件有时候在某种程度上起很大的作用。一切事情都是相互联系的。

二是读历史的知识面宽一点才会有比较。我和胡绳武教授写《辛亥革命史稿》，150 万字，四卷本，那时我们读了四五本法国大革命史，也可能有五六本，另外亚非民族民主运动的书也看过一些，这就可以对它们有个比较。有些是相同的，可以看出资产阶级民主革命的规律性的东西，无论在哪个国家都是共同的。而不同的地方就可以看到各国的特点，中国革命的特点是什么。如果你对别的都不了解，没有比较，那就规律也看不到，特点也看不到，只能就事论事地说说事情本身。这也说明知识面要扩大的又一个好处。

三是无形的，历史类的书读得多一些，经常接触一些中国古代史和外国史，视野就会宽广一些。无形中在考虑问题时一想就把它放在历史发展的过程中，发展到这一步会有什么事情，碰到事情就会把它放在周围的环境中来想，潜移默化地对你的思维方式起变化很大。

也有人觉得知识面何必广，需要时临时查查就可以了。当然，不可能什么知识都具备，有些知识只能边干边学，甚至临时查。但在研究工作中联想是很重要的，把这件事和那件事联系起来想，常常可以产生新的认识。如果平时知识面太窄，视野太窄，就只能就事论事，连什么事需要查的念头也起不来，或是不知到哪里查。人们常称赞一些大师知识渊博，这还是很重要的。

这又带来一个问题，又要看这个又要看那个，怎么看得过来？我想关键是要知道什么是重要的，什么是不那么重要的。对不同的书要有不同的读法，有的是精读，有些是浏览。刚才说乔木同志是百科全书式的学者，你看他的知识面多广。胡绳同志我跟他接触更多，他一直主张多读快懂，他读书的速度我有时候都吃惊，我觉得我做不到。他说有的书你是要用心地认真读的，有的书可以很快地看过去。他有一句话我一直忘不了，他说："在你眼睛底下过过的，跟没有过过大不一样。"不重要的没有必要把里面小的细节都弄得清清楚楚，大概有个印象。需要时想起来会去查就可以了。他说经典著作，马恩的著作也不一定篇篇是经典，即便一篇经典著作里也不至于每一段都是重要的。他看得那么快，有的地方要逐字逐句，甚至反复地读，有的地方可以一目十行地看过去，经过你一目十行的过目跟从来没有接触过的不一样，至少你认得门牌号码了，下次需要我就可以找得到它。当然，要辨别什么是重要的，什么是不重要的，并不容易。这种识别力是长期形成的。

第四，对知识的掌握，既要理解，又要重视记忆。

看重理解，只有理解了才能真正记住，这是不错的。清朝的皇帝，顺治、康熙、雍正、乾隆、嘉庆、道光、咸丰、同治、光绪、宣统，每次交替，几乎都有些生动的历史故事，使人忘不了。但有的东西还是要花一定笨功夫去记的。朝代，唐朝是618—907，明朝是1368—1644，为什么是1368不是1369，这没有什么道理可讲。但用一下心记住了，并不难，有时也很有用。我做中学生时，读古代史，比如西汉的皇帝，编个口诀："高惠文景武昭宣，元成哀平孺子婴。"那时年轻，当个山歌那样多唱几遍，也记得了。以后一讲起汉宣帝马上就想到，他处在什么位置，前后有什么事就想起来，到现在老了还没有忘掉。对一些历史人物的字号也要硬记一下，弄错了也会闹笑话。所以说这种笨功夫有时确实要下一点，都有收获。

二、提高理解和分析的能力

怎么做研究工作？大概地说，研究工作和宣传工作，写研究文章跟写宣传文章有同也有不同。我这里丝毫没有捧哪一个贬哪一个的意思，事实上我自己在宣传文章跟研究文章上，写得都不少。二者的区别是什么呢？我想研究是要把未知变为已知，本来不知道的、不清楚的问题弄清楚，这个是研究。宣传在某种程度上是对已知的真理，用大家能够理解和接受的方式，把它说得清清楚楚，还用一些生动的材料来证明它，使得已知的东西被许多不知道的人理解和接受。这两个不完全一样，我已说过，这里丝毫没有去贬低宣传的重要性，某种程度上我写宣传文章可能比研究文章还更多，而且宣传文章要写好很不容易，写得能吸引人家要看，很不容易。

另外，叙述性的文章跟分析性的文章也有同有不同。我对中央文献研究室一些年轻同志说："你们写的基本上是叙述性的书，缺少分析。"我这里并不是否认叙述性的书的重要性，因为我们能够看到大量的内部材料，人家看不到那么多，而且我们又是专门做这方面工作的，即使公开的资料也比其他人看得多，我们能把事情梳理得清清楚楚，使得不熟悉的人一看就明白了，有的看不到材料的一看来龙去脉就清楚了。这样的书我觉得也很有价值，这是我们这些单位的有利条件。分析性的著作跟叙述性的著作有不同，它不光是说是什么，而且更多地还要说为什么。讲了一个现象，为什么在这个时候会出现这么一个现象？这个要求更深入了。可以说，叙述主要是见功夫，分析可以见水平。

研究工作我想有几点可以说说。

第一，要有问题意识。

这是做好研究工作的重要关键，是陈寅恪先生提出来的，研究工作为了什么？是为了解决问题。有一位学者在国内很有些影响，出过不少书。他的一个好朋友问他，你不是某某方面的专家吗，在这个方面哪一个重要问题是你提出来并解决的？他回答不上来。那就是说他脑子里确实能够把丰富的材料梳理出来，也很用功，我也很钦佩他。但是那是叙述性的，靠材料铺叙的文章，可以见功夫，证明你是下了功夫的。但是你缺少分析、缺少见解，而分析和见解可以看出你的水平怎么样。

我的老师周谷城先生说过："你如果能提出一个好的问题来，文章就成功了一半。"这个话我觉得是很有道理的。胡适有一句有一些片面性，但也有一定道理的话。他说："对人，要在有疑处不疑；对学问，要在不疑处有疑。"研究工作就是为了解决问题。

我写过一篇革命时期三次"左"倾错误的文章。三次"左"倾错误是讲了无数遍了，但我头脑里还有几个问题：一个问题是一般说来反"左"必出右，反右必出"左"，为什么反了一次"左"第二次出来还是"左"，而且更"左"，第三次还是"左"，又更"左"。这是什么原因？这不是一个很奇怪的现象吗？第二个问题，第一次"左"倾，说是瞿秋白为代表，实际上是共产国际的罗明纳兹提出来的。但是为什么那时候党内那么多杰出领袖"左"得也厉害，接受了那个盲动主义错误。你看徐向前写到彭湃，那么优秀的农民运动领导人，徐向前主张海陆丰根据地在处境不利时撤到赣粤边境去，彭湃反对，说这是上山主义，他拔出枪自己带头冲出去，别人也只好马上跟着冲。很多优秀的党员，很有见解的，为什么会跟着犯"左"的错误？第三个问题，这三次"左"倾有什么相同的地方，又有什么不同的地方？脑子里有了这三个问题，看资料的时候就去找寻回答，不管回答得对不对，这篇文章实际上就是讲这三个问题。

前几年我写了一篇《十二月会议到六届六中全会》。这个问题大家也已不知道讲了多少遍了，我主要是存在两个问题，一个问题是共产国际究竟对王明是什么态度。因为我们常常讲任弼时立了一个大功，使共产国际理解了中国共产党为什么反对王明？现在会议记录都在。假定说这本来是共产国际的主意，那么人家在会上先要问，你们为什么不执行，但会上一个人也没有这样责问。究竟共产国际是什么态度？第二个问题：遵义会议已开过，毛主席的领导地位实际上已经确立，威信很高，而且其他领导人如周恩来、任弼时等对王明是了解的，他打着国际的招牌就能那样？总还有内在的原因，原因在哪里。脑子里有问题就可以做研究和写文章了。

在研究工作中，头脑中出现的问题可能很多，人的时间和精力有限，这就有个比较和选择的问题。一般说来，优先选择的，一是问题比较重要，为更多些人关心；二是前人没有解决或解决得不令人满意的，如果前人已经清清楚楚地解决了，你再去研究就没有意义了；三是你自己的资料条件和驾驭能力如何，如果花了大力气也解决不了，那就不必做了。当然最好是同你的当前工作有关，这要有利得多，也可以减少一些矛盾。

第二，有了问题怎么解决问题？

历史学界有过一个争论，大家比较认可的，叫作"论从史出"。读历史的要发议论，一切议论都是只能从看到的事实出发，当然我们所能看到的事实基本上是书面留下的史料。我自己工作的时候，80%的时间是看史料，写也就花20%的时间。看史料的时候，不能光看不想，只顾抄卡片，等到做研究时拿着卡片分类再研究。应该是边看边想，因为基本材料这以前已经看过，头脑中已经存在一些问题。看材料时，除了进一步弄清事实的经过外，就是寻找这些问题的答案。因为脑子里有着问题，看材料时在一篇很长的报告里有几句话突然就跳出来了，原来他们当时是这样想的，问题在这里。这就是一面看、一面想。先产生一些零碎的想法，以后再把这些零碎的想法系统化起来，形成一个意见。

这时最忌讳的是把这些初步的想法马上变成成见。毛病常就出在这里。对大家关心的问题，忽然看到一个材料好像与众不同，以为把这个问题弄明白了，当作自己的独到见解，只关心似乎支持这种想法的材料，越想越系统，不注意和这种看法不同的材料，最后弄来弄去出了问题。陈云讲人为什么犯错误时说，犯错误的人也并不是一点事实都不知道。他往往是抓住了片面的知识就认为这是全体，或者认定它就是主要的东西，犯错误常常是这样来的。看材料也是这样，你看到了这一点再接着往下看，这个只是作为一个假设放在那里，还需要继续验证，也可能往后越看越认为这个看法站得住。或者发现这个看法虽是对的但是还要补充，还有几个条件是不能忽略的，也有看到最后发现不是这样的，那就毫不可惜地把原来的看法抛弃掉，这是常有的事情。

看材料和思考、分析是同步的。看原始资料大抵是感性知识。正如毛主席所说：引起感觉和印象的东西反复了多次，于是在人们的脑子里生起了一个认识过程的突变（即飞跃），产生了概念。史学文章的理论性不是靠搬用现成的概念，而是靠对历史资料引起了无数次、在脑子中出现飞跃，得出新的概括的认识。这才有理论创新。大体上我刚才讲的用 80% 时间把基本材料看完，这篇文章怎么写肚子里已经大体有了，就可以动手写。

但是这中间有时候真是苦，写文章的人都有体会。开始时苦于少——材料少，见解少；材料看得越多，见解积累得越多，怎么能够在一篇文章里说得清清楚楚、有条有理，前一层意思和后一层意思的逻辑关系怎么处理，使人看起来一目了然？哪些是不必要的，哪些是提一提就可以，哪些是要着重讲的？开始苦于少，后来苦于多。反正基本上都是一面看的时候一面想，所以看好了文章怎么写也有了。不能看时只忙于抄卡片，以后把卡片拿出来分类排队再来考虑文章怎么写。

第三，要充分考虑问题的复杂性。

刚才讲到我认为王明带回来的"两个一切"并不是共产国际的

意见，季米特洛夫的日记说到王明回国前他带着王明、康生、王稼祥去同斯大林谈话。这是最后定调的谈话，季米特洛夫的日记记得很详细。斯大林叮嘱，我们要跳到大海里游泳，但是要小心不要被淹死了。他讲的没有一点"两个一切"的意思。但人最容易犯片面性。所以我还是不放心，又托沈志华帮助找俄文的共产国际会议记录，只要你找到一处他们当时讲过"两个一切"那样的话，我这篇文章根本就不能发了。后来他告诉我，他托人不仅把俄文，而且把保加利亚文（季米特洛夫是保加利亚人）的文件也查了，没有看到共产国际这样提，我才放下心。年轻的时候，越是自己提出的重要见解，即便发现有重大疑问，仍越是舍不得放弃。事实上越是重要的问题，越是独到的东西，越要慎重。你这样说了以后人家可能提出些什么问题？所以还是尽可能请人家看看，特别是熟悉这个问题的人，提提意见。别人不提，也可以自己与自己做对手来提反问、挑毛病，看是不是站得住。自己反反复复考虑过了，也不必吞吞吐吐，可以明白、不含糊地写出来甚至发表。这样仍会有片面性的地方，也不要紧。自己没有那么高明，天下的事物是非常复杂的，谁也别吹牛认为我一眼就把事情的方方面面都看到了，能看到主要方面就很不错了。

第四，正确的理论素养对提高思考和分析问题的能力十分重要。

我们当然以马克思主义为指导，而且要努力做到理论正确地联系实际。这里再简单地说两句，如何对待西方社会科学理论的问题。人类的一切优秀成果，我们都要拿过来。对西方哲学社会科学的成果，不能采取完全排斥的态度，也要很好地研究，有些还要学习。马克思主义的三个来源——德国的古典哲学、英国的政治经济学、法国的空想社会主义，都不是马克思主义的；亚当·斯密不是马克思主义者，傅立叶也不是马克思主义者。恩格斯写《家庭、私有制和国家的起源》，摩尔根的《古代社会》对他有很大帮助，把一切人类历史都是阶级斗争历史这个大结论都改变了，摩尔根也不是马克思主义者。列宁写帝国主义论，用了很多希法亭的研究成果。对西方资产阶级的基本思想体系我们不同意，但他们很多同实际相符合的具体研究成果，我们都还是要吸收。我们的老祖宗马克思、恩格斯就是这个态度。这一百多年来，西方学者在社会科学方面一点有价值的研究成果都没有？当然不是。有不少值得我们利用或借鉴。但另一方面，总的说，西方资产阶级学说的根本体系是不对的。有一次讨论经济学教材的会议，刘国光同志去了，他是西南联大经济系出来的，真正懂西方经济学的。他说，西方经济学的根本体系鼓吹私有制和自由市场经济等，是错的；但是对现代经济运作中的具体经验总结和理论概括许多是有道理的。

　　所以，西方的东西，不应该简单地采取排斥的态度。但过去有些人拿马克思主义、毛主席的著作引几句什么话，被批评为"以论带史"。后来又出现了另外一种新教条主义、新的"以论带史"；拿一个美国的二流、三流的政治学家、社会学家的一段什么话作根据，然后说因此什么什么。对中国的实际情况没有做认真细致的具体分析，好像不这样知识就不渊博，水平就不高，我想对西方的理论学说还是采取分析的态度吧。这是第二个问题。

三、讲究提高文字表达能力

　　我不晓得大家的习惯怎么样。我通常写文章在认真研究和想清楚后写起来是很快的，包括很长的文章，第一稿基本上是一口气写出来的，但接着一般都要改三四遍。这三四遍是：看到新的材料要补充，有些重要论述要多斟酌或要展开，再就是文字要推敲。写好后，是在心中要一个字一个字地朗诵一遍的，哪里觉得累赘了，"的、了、吗、呢"必要时都得改。

《周恩来传》初稿出来后也送胡绳同志审阅。他后来说："我提了什么意见都忘了，只记得删掉了几十个'了'。"他讲一个道理，我们写的不是历史吗？历史都是过去完成时的，大多没有必要再用这个"了"。比如，哪年哪月中共中央召开了几中全会，分析了当前的形势，通过了什么什么决议，这个决议深刻地指出了什么，这些"了"全部都可以勾掉，读起来也干净流畅。当然不是逢"了"必删，有时候如"经过多少年的奋斗，终于推翻了什么什么"，这个"了"不能删，删了就没有气势了。总之，文字要干净有力，不要啰唆。毛主席在《反对党八股》里面引用了鲁迅一句话："写完后至少看两遍，竭力将可有可无的字、句、段删去，毫不可惜。"你看他讲的不是说光把有些段、句删掉，连多余的字也要删掉，而且不是说一定不可有的字要删掉，连可有可无的字、句、段都要删掉，而且还补上一句"毫不可惜"。我到现在这毛病还没有完全改掉，别人也许感到这个地方累赘了，用不着，我就舍不得，觉得这是花了很大力气才查找来的材料。其实有一大段的话可以不要。

有些人认为文字是雕虫小技，不在乎。事实上文字非常重要，你写给人家看，人家第一印象就是你的文字。文字不好，意思虽好，别人往往也看不下去了。对这个问题也讲几点。

第一，做好文字表达，最重要的是要处处替读者着想。

乔木同志曾经讲过，写文章要考虑几点，大意是：第一要吸引人看。我们看现在报纸上有许多文章，开头就是大段人们已说过无数遍的话，往下就不想看了，怎么能够吸引住人，让人家觉得想看下去？他说：第二是要看得懂。这话也很有道理，因为很多人写文章不考虑人家看，不用说你自己的表达可能词不达意，即便你文字很流畅，还要想到人家可能还会有哪些地方不明白，要交代清楚。第三要能够说服人、打动人。说服人是指讲道理，打动人是指感情上能打动人。

写文章要处处替读者着想。我以前跟社科院的同志说：我觉得大学教师同样做一个报告，通常比社科院的研究人员好像使听众更容易听得下去。原因在于，教师讲课面对的是学生，他处处要考虑学生是不是听得懂。研究机构的人平时常常是一个人关在那里做研究工作，面前没有人，他写东西容易像写读书笔记，把自己的感受、体会写出来。而你发表的文章是写给别人看的，不能成为自言自语的东西。所以这些方面要花时间好好琢磨。

第二，写文章要努力做到准确、鲜明、生动。

这是毛主席在《工作方法六十条》里提出的。要准确的重要性不言自明，但要做到并不容易。拿我们单位里的事来说，比如说讲总司令在队伍面前讲话，听了以后每一个战士都充满了什么什么感情。我问执笔的同志："每一个战士？你一个一个都调查过了？你怎么知道每一个都怎么样呢？"我们有时把夸张的词用得很多，有些并不符合实际、要注意说到什么程度才合事实逻辑。还有不能粗心大意。《毛泽东文集》共八卷，我跟逄先知同志每人负责四卷的最后审读，除了选稿，主要是对注释。在注释中看到"程潜，湖北醴陵人"，把我吓了一跳，这是不用查的，程潜是湖南醴陵人，醴陵也不在湖北。我就把过程稿调来看，发现第一稿没错，第二稿大概抄错了，以后一直错下去，我如果一签字就付印了，那不是闹大笑话吗？另外一篇是 1949 年 1 月给宋庆龄的信，提到要跟仲华等商量，注释说仲华是金仲华，这是对的，但接着说他当时担任《新闻日报》总编辑；解放以后，《新闻报》有一段时间改为《新闻日报》，解放前没有《新闻日报》。另外，到了 1949 年 1 月，国民党绝不会让金仲华来当《新闻报》总编辑。我找写条目的同志，我问他是根据什么写的？他说了三个出处：一个是 1988 年新闻年鉴，一个是台湾的大陆人物志，另一个也是台湾出的书。我说这几本书都不能做根据，金仲华"文化大革命"前是上海市副市长，他的材料很容易查到，你怎么用那些。后来我给他们部门写了一封信说：前面那一条在第一稿没有错，以后错了几次都没有发现，这是不应该的，一付印就成了笑话；第二条以后使用材料的出处一定要是可靠的。瞧，准确并不容易！

　　鲜明。这个意思大家都清楚，旗帜鲜明嘛，赞成什么反对什么都清清楚楚。但还要考虑到，一篇文章里面或者一本书里面，你最中心的是想阐明什么问题，最精彩的地方是什么，这些地方要写得特别鲜明，别的可以简略一点。乔木同志有一次讲话，他说你从火车站出来，面前一大排广告牌，你从那里走过，大部分牌子一点印象都没留下，就是有一两块牌子留下了印象，什么原因呢？无非一个是它特别大，一个是它放在特别显著的地位。我想这不错，当时从首都机场回来，一定经过一个三岔路口，这个地方有块广告牌写道："车到山前必有路，有路必有丰田车。"因为老看到它我就记得了。还有一个是它反复出现，且广告牌颜色特别鲜艳。写文章也是这样：最重要的地方要鲜明突出，引人注意，给人留下印象。

　　生动。生动要贴切，不是堆一大堆形容词。毛主席那篇文章《农业合作化问题》，说得对与错这里不去谈了，只从文字上讲，他说有的人像一个小脚女人，东摇摇西摆摆地在那里走路，老是埋怨旁人说走快了、走快了。你看过就不会忘，而且很符合他想要表达的意思。又要讲到乔木同志了，他说过写文章或写书时既要有全景式的描写，而一些关键地方，要打动人家的地方还要有一些特写镜头，让读者有身临其境的感觉，有的话概括几句就过去了，有的地方都要用一些非常生动的例子，加深读者的印象。所以毛主席特别强调写文章要准确、鲜明、生动。

第三，文字，我觉得最好口语化，要干净。

最好自己先朗诵朗诵，如果结结巴巴，没法朗诵下去的，赶快改。朗诵时要抑扬顿挫，而且要干净有力，不拖泥带水。比如《毛泽东选集》第一篇，一打开来，"谁是我们的敌人，谁是我们的朋友，这个问题是革命的首要问题"。你看了一下子就记得。现在有些文章可能写成这样："关于谁是我们的敌人和谁是我们的朋友的问题，是在革命发展过程中具有极其重要意义的问题。"你看了以后觉得毛主席的文字真是好，干干净净。文字干净读起来也有一种快感。不是写诗，最好也能够朗诵，特别是头和结尾。我年轻时用心写的文章的头尾半年内还能背，连标点在内，因为都是用过心的，而且翻来覆去想过多少遍。现在做不到了，常常会说了前面就忘了后面。这是口语化的问题。

第四，文章能不能带感情？

有的人主张写历史文章不能带感情，要"超阶级""纯客观"。那么，写南京大屠杀，你一点感情也不动，冷冰冰地只有各种分类的统计表，行吗？！有一次青年人让我讲计量史学，它当然很有意义，特别是过去中国人研究史学容易大而化之，重定性而不太重定量，强调一下这个问题有好处。现在有很多数据统计，放在那里清清楚楚。但计量史学并不能解决所有的问题，对它的作用也不能绝对化，比如说讲一个美女，怎么美，恐怕你还要懂一点美学理论，那样写出来人家才会觉得确实是挺美的，有美感。假如只把这个美女量一下，鼻尖高几公分，鼻梁长几公分，眉毛、眼睛的弯度是多少度，身高多少，腰围多少。当然量也不能不讲，比如一般说来眼睛大一点是好看的，腰太粗好像不怎么好看。但也不能只靠那些计量统计，像前面所说的，我看了就像看尸体解剖报告，一点美感都没有。

　　文章带感情是讲一件事时，内心感情的自然流露。毛主席有一次写道：无数先烈在我们前头英勇地牺牲了，使我们活着的人想起他们就心里难过。这话讲得多动人！如果改成"就激起我们极其深切的悲痛"，便没有那样感人了。乔木同志有一次说的话给我印象很深，他说大革命失败是一段中国共产党的伤心史，要让人看到这里有一种伤心之感。大革命是悲壮的历史，悲壮的历史就要用悲壮的文字来叙说。他也不是让你去堆砌一大堆形容词，有时越堆越糟糕，应该有真正发自内心的，能够打动人的。中国古代司马迁的《史记》，外国"史学之父"希罗多德的《历史》，都是写得很有感情的。我们写历史文章应该有这样的手法。至于带感情的话，决不能歪曲和改变历史事实，这道理不必多说。

　　当然，外文、电脑使用等也都是基本功，今天就不讲了。

　　末了我得说明两点：一是因为到中央党史研究室来，有特殊感情，就随便说自己的感想，并不是我所说的自己都做到了。但是至少是干了几十年这方面工作的感受，觉得这样做是好的，那样做不好。二是每个人的方法各有不同，工作岗位所承担的任务又有不同，各人的习惯也有不同，没有什么公式可言，所以更重要的是靠自己不断总结。我不知道大家的习惯怎么样。我二三十岁的时候，差不多每年到年底都要想一想我这一年有什么长进，有什么做错了，我的优点是什么，我的缺点是什么。举例说，有一年我就想，我的文字大概是清楚但没有文采，第二年就下决心攻这个毛病，虽然有一些进步，却又做过头了，形容词堆砌太多，反而不自然。下一年再改回来一点。什么方法好，最后靠自己总结，然后再在实践里去试。还有就是多看一些写得好的文章或书，同自己比较，想想如果自己写是怎样表达的，再看他是怎么表达的，这就学到了东西。正像鲁迅所说，千万不要相信写作方法之类的书，那都靠不住，靠自己在实践中摸索总结才比较合适。

（本文根据 2017 年 4 月 20 日在中央党史研究室讲述整理）

谈谈问题意识

今年是《历史研究》创刊 70 周年。它的创刊，在新中国史学界是一件大事。记得当时主持这项工作的是范文澜同志，主编是尹达和刘大年两位同志。根据毛泽东同志的指示，刊物一开始就提倡"百家争鸣"的精神，主张对学术问题可以展开充分而有益的争论。我的第一篇历史论文《对于中国近代历史分期问题的意见》，同尊敬的前辈学者胡绳同志争辩，就发表在《历史研究》1955 年第 2 期，到现在已经 69 年了。那时候，我刚在复旦大学讲授中国近代史这门课程两年多，对这个问题有不同于胡绳同志的看法，就把它写了出来，寄给编辑部。原意只是一封比较长的读者来信，没想到《历史研究》竟把它发表出来，这对我是极大的鼓励，并且在我面前无形地树立起一个怎样才能算做学问的标准：一篇文章总要力求说清楚一个问题，特别是要努力弄清一个自己原来并不清楚或不很清楚的问题，否则尽是重复前人早就说过多少次的老话，报一些堆积事实的流水账，那写它干什么？以后多年间，我在《历史研究》上发表了不算少的论文。可以说《历史研究》是看着并扶着我成长的，告诉我应该怎样写论文，也可以说我亲眼见证了《历史研究》迄今的整个发展进程。

近日接到《历史研究》杂志社来信，嘱我为《历史研究》创刊 70 周年写点感想，并且要求"围绕如何进一步推动新时代中国史学繁荣发展，构建中国自主的历史学知识体系"。我自然不敢谈这样大的问题，只能谈谈七十多年从事历史研究和写作中感受较深的一点体会。

我常听到年轻的朋友谈到：写文章常苦恼的是容易流于"大而空"或"小而碎"，不易找到好的题目，我自己也常遇到这个问题。这也许就在于在研究工作中是否养成了强烈的问题意识。也就是说：在每一项研究起步时，心中要先悬着一个重要的而自己原来没有弄清的问题，这样在研究中就会致力于寻求问题的答案和检验答案的可靠性，就会一直处于兴奋状态和小心翼翼的细心验证中，有时多少还会打动人，不至于流于空谈或陷入琐碎。

问题意识是研究的出发点和动力

史学大师陈寅恪先生在谈史学研究方法时，十分强调问题意识的重要性。我的老师周谷城教授常说：能找到一个好的问题，文章就成功了一半。看来这个问题确实受到史学工作者的广泛重视，史学界在讨论治史方法时通常也会不约而同地多次谈到这一点。随着年岁的增长和史学研究实际体会的积累，我又逐渐感悟到：对史学工作来说，问题意识不只是重要的方法问题，而且可以说是研究工作的出发点和持续动力。

人们在现实生活和历史环境中，总是会面对无数或大或小的问题。这些问题，有些一直是知其然而不知其所以然就放过去了，有些已有人提出这样那样的分析和猜想，但未必符合实际或令人信服。可以说，研究工作很大程度上就是寻找问题的答案，研究成果就是对问题的回答，变未知为已知。这就是研究工作的意义。

在现实生活中这类问题很多。如果不细心调查实际情况，找出造成问题的真实原因，进行恰如其分的分析，只说一些"大而空"或"小而碎"的意见，读者看起来也引起不了兴趣，那就不可能使问题得到解决，不可能前进。历史上的问题，虽然早已成为过去，但它常常直接影响人们对现实问题来龙去脉的理解和对历史经验教训的总结，正确了解和认识这些历史问题，对生活在今天的人们仍十分重要。但是，由于它已成为过去，要完整地再现它的历史原状（包括重要细节），做出细致而准确的判断，实在不容易。我深感：史学研究的过程实际上就是在努力寻找复杂历史问题的真实答案，从而对问题做出比较切合实际的回答的过程。当然，对早已成为遥远过去的历史，要完整而准确地找到答案实在很难，在很多情况下，史学工作者的责任是力求接近真相，并引起其他人更深入的思考或研究，一步一步接近真相。

史学界流行一句话："治史如断狱。"这是对治史的一种形象比喻。在法庭上，不能先抱有如何判案的成见，通常会听到不同的意见，甚至不同的事实叙述，看起来似乎已山穷水尽疑无路，但在有心人的切实探索下，常常能解开谜团，做到真相大白，做出正确的判决，受到人们的赞扬。治史中不断探求问题的答案，恰恰也和法庭上断案一样。这种不知疲倦地切实探索去寻求问题答案的过程，既十分辛苦，也可以带给研究者极大的兴奋。

写到这里，想起曾听过中国科学院原院长路甬祥一次报告。他劈头就说，科学发展的动力有两个：一是社会的需要，二是人的好奇心。这话使我大吃一惊。前一点不成问题，恩格斯早就说过：如果不为社会所需要，任何学科的研究结果都不可能受到社会的注目，更谈不上很大发展起来。这道理几乎不言自明。但路甬祥把人的好奇心同第一点平列，却是我以前没有听到过的。再想想，他说的确实有道理。人们总是会不断地追求新知，而不满足于故步自封。在看似平常的现象中发现新的问题，进行切切实实的探索和研究，往往也会产生突破性的新认识。

举一个大家熟知的例子：苹果熟后会坠地，这是大家熟知的事实，却从未有人由此提出问题进行思考。大科学家牛顿却从中提出：为什么苹果成熟后会下坠，而不是升空或横飞？对这个问题的探究，最初未必预知它会对社会需要产生什么推动作用。但牛顿觉得这个不平常的问题应当有一个合理的科学的符合实际的回答。他不罢休地抓住它，一步一步地深入探讨，从地心引力到万有引力，再到对经典力学中的许多重要问题的阐释。这是伟大科学家做出的持续不断地顽强求索、寻求问题的答案和无所畏惧地提出新论断的榜样，推进了科学技术和社会的进步。这也证明了问题意识对科学和社会进步的重要推动作用。

总之，对史学工作者来说，写出的论文或著作有多大的价值，重要的是要看它能不能对自己头脑中原来存在的问题做出比较切合实际的回答。如果只是对易见的材料加以整理，即使没有对问题做出富有新意的分析，但对没有机会见过这些材料的读者还是有些用的，也是一种社会需要，但毕竟不能作为高水平的研究成果。

问题的选择

世间万事万物中值得研究和进行讨论的问题何止成千上万，人生的时间和精力都有限，投入这一方面多了，投入另一方面的也就少了。面对为数如此众多的问题，史学工作者该把有限的精力投向哪里，就有一个"选择"的问题。

这里说的"选择"，并不包括短期性的选题，这样的选题作者可以有临时的比较自由的决定。如果作者所要着重研究的是比较重大的问题，则要有长期的打算，涉及"选择"的问题。这打算可以分几步，每步有它的重点，走前一步时要考虑下一步的要求，更重要的是每步间的内在逻辑，使整个研究综合起来能够解决原来悬在心头的重要问题。如果一个时期内没有积累下一些值得思考的问题，没有重要的期望和持之以恒的努力，东抓一把，西抓一把，什么都浅尝辄止，结果只能一事无成。

拿我自己的经历来说，从事史学研究工作是在复旦大学起步的，学校的学术氛围和众多名师的榜样引导我入门。我是1953年开始教中国近代史这门课程，以后陆续写作并发表过一些学术论文，内容涉及太平天国、洋务运动、甲午战争、戊戌变法、义和团、辛亥革命、五四运动等。这些问题都很重要，对它的研究和论文的写作，也使自己有受益之处，但一个人不可能把所有想深入了解的问题全部都弄清楚，有所取必然有所弃，必须下狠心做出选择，否则，不容易比较深入地向前推进一步，只能算是浅尝辄止。

我在研究工作方向上的重要变化，是1961年和老友胡绳武同志在纪念辛亥革命五十周年学术讨论会的启示和鼓励下，决心集中力量写一部多卷本的《辛亥革命史稿》，其他问题暂时放一放，或者只花不多的力量兼顾一下。下这个决心并不容易，需要反复衡量自己有没有完成这个奋斗目标的可能性。如果不可能，那就不能盲目地下这个大决心，结果还只能半途而废。当时，我们分析了做这项工作的客观条件：第一，辛亥革命在中国近代社会变化中的巨大意义已经成为人们的共识，写这样一部多卷本的《辛亥革命史稿》

是社会的需要、教学的需要。第二，当时，中国近代史课程还没有公认的教材，我们为学生指定的主要参考书是范文澜的《中国近代史》和胡绳的《帝国主义与中国政治》，但胡绳著作的体裁并不是教科书，范文澜著作只讲到义和团事件，恰恰没有辛亥革命这部分，这个缺口得补上。第三，那时全国各地集中出版了大量有关辛亥革命的文献档案和回忆史料，这在此前是看不到的，同时，复旦大学新闻系又保存着不少辛亥革命期间出版的报纸和杂志，提供了极为丰富的资料。当然，从根本上说，这段历史中有大量还没有弄清楚的问题，值得进行深入的研究，这自然对我们产生了极大的吸引力。

经过这样的反复斟酌，撰写多卷本《辛亥革命史稿》的决心便斩钉截铁地确定下来，并化为自己全力以赴的行动。用了一年时间写出了第一卷，并得到上海人民出版社同意出版，编辑部还在稿件上签署了具体意见。没想到不久后全国的政治大动乱开始，各项正常工作被迫搁浅，个人自由也多次被剥夺。本已写好的这一卷一搁就是十几年。

粉碎"四人帮"后，我和胡绳武同志都已调到北京工作。我们商议，应该坚持把原来被迫中断的多卷本《辛亥革命史稿》写完。当时，我们两人所在的工作单位都还有其他很重要的任务，只能自己挤时间来做。记得当时我说了一句："下了决心，走不到，爬也得爬到。"

时间哪里来？只要真下狠心，把时间看得很重很重，经常地盘算，时间还是会有的。

当时的情况和六十年代初有了很大的不同，对辛亥革命的研究已出版多种优秀著作。当我们写完《辛亥革命史稿》第二卷、准备写第三卷时，就遇到一个问题：第三卷第一章"导火线"是讲四川保路运动的，共有四节。而这时四川大学校长、中国近代史专家隗瀛涛教授的专著《四川保路运动史》出版了，他是这个问题的权威学者，又是川人治川史，在各方面都有优势。而在《辛亥革命史稿》第三卷"1911 年的大起义"一文中，对四川保路运动这样重要的历史不能不列为专章展开论述，但内容同隗瀛涛教授的著作不能显得过多重复，总要有点新意。

怎么办？除原来已经准备的基础外，必须先认真地读隗瀛涛教授的专著，不能使他已很好解决的问题在这部书中却不见踪影；另一方面要本着问题意识的要求，认真思考读了这部专著后，自己头脑中还有哪些仍不很清楚的问题。经过阅读和思考，我觉得还有以下疑问：第一，1911 年，清王朝已处在摇摇欲坠、朝不保夕的地位，而将川汉、粤汉两大商办铁路收归国有，是冒天下之大不韪的事，为什么清朝政府偏偏要在风雨飘摇的此时此刻采取这样危险的举动？第二，清政府这项决定公布后，湖北、湖南民众的反对最早也最激烈，四川动作较慢，最初的态度也比两湖地区要温和得多，但保路运动的最高潮却在四川掀起，并且成为辛亥革命的直接导火索，这是为什么？第三，四川保路运动的发展大体上分为四个阶段，这在当时人的记述和隗瀛涛教授的著作中所持的态度是一致的，这四个阶段各自有着自己显著的特点，是什么原因造成它从一个阶段发展到另一个阶段？第四，在四川保路运动的前三个阶段中，活动的主角是立宪派，为什么到了第四个阶段，主角却变成了革命派，它的原因是什么？有了这四个问题，经过仔细阅读材料和反复思考，动手写这一章就可行了。

在写《辛亥革命史稿》其他卷时，同样遇到不少类似的情况。

由于自己所处的环境，"文化大革命"后重新起步进行史学研究的时间要晚一些，怎样才能急起直追？只能尽量挤时间攻读新发表的这方面历史资料，同时继续本着问题意识的精神研究其他部分的史实，提出一些新的问题。这样坚持下来，终于在完成单位的主要工作，即主编《周恩来传》的同时，和胡绳武同志把四卷本的《辛亥革命史稿》共同写完了。同事们对我开玩笑，说"你是白天周总理，晚上孙总理"，这确是事实。后来，这四卷本的《辛亥革命史稿》获得了第一届"郭沫若中国历史学图书奖"。《周恩来传》获得了第一届国家图书奖，做到了"两不误"，也使我更深地体会到问题意识在史学研究中的重要性，体会到工作中统筹安排和坚持到底的重要性，三心二意是万万要不得的。

寻求问题的答案

问题确定后，接下来是如何寻求问题的答案。这需要做大量切实的工作，否则，尽管提出了很有意义的问题，最后可能还是一场空。史学界有一句流行的话，也是对如何寻求问题答案的简洁回答，那就是"论从史出"。

1980年起，我到中共中央文献研究室工作，第一项任务就是前面提到的主编《周恩来传》。周恩来的一生，几乎涉及一部中国共产党的历史。中央文献研究室保存的党的领导人的档案非常丰富，我们还可以访问很多亲身经历过重要历史事件的当事人，值得认真思考和研究的内容实在太丰富了。

记得20世纪50年代初大规模进行基本建设工作时曾有一句口号："先有完善的设计，才能施工。"对史学工作来讲也是如此。

古人曾讲"学而不思则罔，思而不学则殆。"这就十分明确地提出了"学"和"思"的关系。正确处理这一关系，也是寻求问题答案的过程中需要特别注意的。

从事史学研究，大概需要从"学"开始。主要的是要广泛而刻苦地搜罗阅读同需要回答的问题有关的历史资料，努力弄清事实的经过，也就是做好"人证"和"物证"的工作，再进行去粗取精、去伪存真、由此及彼、由表及里的思考，这就是"断狱"的基本依据。不能在没有弄清事件真相的时候光坐在那里胡思乱想，那没有不出乱子的。此外，还要尽可能地查找并阅读前人对这个问题的研究和判断，如果同意他的看法，就不必再下大力气去研究，最多只需要做些补充。研究工作需要以此为出发点，但不能停留在这里。

"思"和"学"不是一先一后地分开，而是同步进行的，要一面看，一面想：原来以为事情是这样的，忽然在一段很长的文稿中，有几句人们以往没有很注意的话突然跳出来，使自己恍然大悟似的产生一个新的想法，原来问题的关键在这里。但这个一面看一面想的过程决不能到此就结束了，不能这样轻易地下结论，而是应该继续往下看。看到其他材料，还有另一面的记载，这既补充了新的证据，也检验了原来的看法。根据新的材料，对刚刚形成的看法，或者补充，或者根本推翻。这样不停地看，不停地思考，多反复几次，对一个问题的看法，就在阅读资料和反复思考的过程中逐渐确定下来。这就是在寻求问题答案过程中"学"和"思"同时进行的过程。

有时看到：一个缺少经验的朋友，对全局没有了解，也没有经过用心的思考，就大段大段地把资料抄成卡片，以后就靠这些卡片来思考和分析问题。结果，花时间抄了不少没有多大用处的资料，而有些重要但比较分散的资料却漏过去了。这可以说是"学"和"思"没有紧紧地结合在一起的例子。

我自己做研究工作的经验，往往是先看基本材料，一面看，一面想，对所研究的问题有个基本的轮廓性的了解，再查看一些有关的专题资料和著作，弄清一些重要的细节，就可以动手写文章了。

自己对问题基本弄清楚了，自然希望别人也能够清楚，这就有一个表达的问题。文章也好，书也好，都是为读者写的，不是只为自己看的读书笔记，因此，特别重要的是要处处为读者着想。标题或导语要醒目，要能吸引读者拿起来并且看得下去。在全文中尽可能有几句体现主题的生动的警句，如毛泽东同志所说的"愚公移山""纸老虎""景阳冈上的老虎，刺激它也是那样，不刺激它也是那样，总之是要吃人的"等等，这往往比说一大堆空话、老话给人留下的印象要深刻得多。文字也要适合读者的需要，使用规范性现代汉语的前提下尽可能口语化一些（当然，比口语应该简洁），就像两个人对话那样，平易地讲给对方听，而不是让读者花了九牛二虎之力还是看不懂，那文章就白写了。所谓"言之无文，行而不远"。有的人认为这些只是"雕虫小技"，那是不对的。

胡乔木同志说过，别人说他写文章快，其实他的文章都是改出来的。无论文章还是著作，我花在反复修改上的时间是很多的。反复修改的内容大体上有这几个方面：一是全文的主题（也就是要回答的主要问题）是否能给读者留下比较突出的印象。必要时要为此写几句引人注目、色彩强烈的话，不能只是夹在一段长文中间平平常常的几句、而往往被人所忽略过去。二是全文的内在逻辑是否通顺。文章总是力求一气呵成，不能一下说到东，又一下说到西。三是全稿中是否还有重要的事实或者分析要补充。四是文字是否比较流畅生动，使人能不太费力地看下去，同时又力求准确。学术著作，不宜有夸张的语言。五是有哪些读者会提出疑问的地方，必要时在文中要预先说明。六是自己在初稿中讲错的地方。特别需要注意的是，因为要回答某些原来不很清楚的问题，文章或著作应该有些新意，但如果不慎重，也可能出现片面性或过头话，做出不准确甚至错误的论述，这是需要特别防止的。如此等等。这些要求，我未必都能做得到，但确实是用心这样做的。不下扎实的功夫，就只能做到"大而空"或"小而碎"。

关于问题意识，有两点需要说明：一是文中讲了许多史学研究工作应该注意的问题，只是我在七十余年中经历的经验教训，以及看到其他学者经验的体会，并不是我自己都能做到。这篇文章又是我最近连续住院治病期间写成的，毛病自然更多。二是现在年轻的史学工作者很多，他们对治学有自己的经验和体会，对文中谈到的这些也一定会有自己的看法，希望读者能多加指教。

（载《历史研究》2024 年第 1 期）

谈谈写文章

关于文字工作者的素养

一个人从事文字工作需要具备的素质是多方面的，主要有三个方面：

一是要有比较宽的知识面。政治、经济、哲学、文学、历史等，多少都要知道一点。尤其是在记忆力强、接受新东西快的年轻时更要打好基础。最初，掌握的知识线条粗一点不要紧，但一定要准确。如果不准确，人家粗粗一听，似乎你知识很渊博；仔细听，就会发现许多地方靠不住，那就没有什么用。有人说，这些知识到需要时去查查就可以了。但是假定你的知识面不宽，该到哪里去查也不会知道，甚至根本弄不清楚需要查些什么。那样，你的眼界就很窄，只能就事论事地谈一些事，不能从更大的背景下去理解它。

二是要有思考和解决问题的能力。无论做哪一项工作，都有一个提出问题、分析问题、判断和解决问题的过程，这非常重要。文章写得怎么样，其实是对一个人思考问题、解决问题能力的一种检验。

三是语言和文字表达的能力。再好的思想，如果语言和文字能力差，表达不出来，或者写出来了别人都看不下去，那就等于零，功夫都白费了。古人说过，言之无文，行之不远。现在我们选拔人才，文字能力如何，也是一个重要的条件。如果这个人写的文章别别扭扭，内容空洞，逻辑混乱，语言干巴，他的综合素质是要大打折扣的。

以上三点是一个文字工作者的根本。你从这个岗位转到那个岗位，即使专业完全不同，但如果这三个方面的条件比较好，你就会很快适应和取得进步，成长就比较快。相反，如果在哪一方面有比较严重的缺陷，进步和成长肯定会受到很大的限制。尤其是文字表达能力，可以说到哪里都用得着。

关于怎样写文章

写文章，特别是写好文章，并没有什么一定之规。古今中外，哪一篇名篇佳作是按照什么套路写出来的？没有！所以，怎样写好文章这个问题，很不好回答。各人的方法也不尽相同。这里，我只能说说自己的几点体会：

第一，写文章要处处替读者着想。文章是写给别人看的，不是自言自语。既然是写给别人看的，就得处处替看的人着想。要考虑到他所关心的、有兴趣的是什么，要考虑到哪些是他已经知道的、哪些是他还不知道的。众所周知的话要少说两句，大家还不清楚的要多说几句，而且要努力说得透一些。现在有很多文章，人们在看的时候，不少地方常用眼睛瞟过去，但有些段落，甚至就那么几句话，却要用心看上两三遍。为什么有些话要瞟过去？因为这些话我早已知道，已经在别的地方看到过无数遍。只看你头几个字，后面要说什么大体都知道了。但如果有新内容，回答了新问题，那就得仔细看。我们在写文章时，估计人家眼睛会瞟过去的地方，不如自己先把它删掉；如果是不能不讲的，或者不讲就接不上气的，就尽可能用简略的几句话把它说过去。反过来，如果读者不清楚的，那就要交代明白。总之是处处要考虑到读者的需要。

替读者着想，还要注意文章的写法和语气。乔木同志说过，现在有的文章，到处是"应该""必须"，像是法官的判决书，却缺少充分的说理。乔木同志要求在写文章时，应该和读者处在平等的地位，尊重对方，把问题提出来，把事实摆出来，一层一层地进行分析，与读者一起思考，一起探讨，自然地共同得出结论，不要有那种强加于人的味道。

第二，写文章总要提出和解决某个问题。为什么要写文章？因为存在问题。为了解决这个问题才需要去写文章，否则你写文章干吗？有些年轻朋友喜欢"著书立说"，这当然是好的。但书写了好几本，"说"却没有立起来。什么原因呢？因为这种书往往只是叙述式的，而不是分析式的。叙述式的，材料有的是，只要你花时间，把材料梳理、加工就出来了。这种书对接触不到这些材料的人，或者没有那么多时间去看这些材料的人，也有用。但毕竟不是高水平的东西——因为没有提出和解决别人以前没有解决的重要问题。

第三，写文章要分清轻重主次。一些同志写文章时，不知道什么是重要的，什么是不重要的。结果，文章就平铺直叙，没有轻重主次。

其实，一篇文章也好，一本书也好，真正精彩的东西不可能很多，有那么一两点很独到的地方就不错了。字字珠玑，每一句话都那么高明，没有那回事。打个比方：前些年我们到饭店去吃饭，点一道炒虾仁。其实虾仁就那么一点点，主要的配料是白菜。厨师一定是把白菜铺在盘子底下，虾仁放在白菜上，让你一眼就看到重要的东西。假如这个厨师把虾仁和白菜搅在一起炒，你吃了半天还不知道这盘菜中有虾仁。

重要的东西不仅应当浓墨重彩地写，而且放在文章的什么地方也有讲究。我的老师周予同教授说，胡适写文章有个特点，看他的全文的头几句，就知道全篇的论点是什么，看每一段的头一句，就知道这一段要写什么，正是所谓"立片言而居要，乃全篇之警策"。有的人写了文章给我看，我问他某个问题怎么没有讲到，他说已讲到了。仔细一看，他那一段文字很长很长，而重要的几句话夹在中间草草地带了过去。我说，你放的地方不对，都淹没在一般性的话里了，我看到那个地方时眼睛已经很疲劳，结果重要的话反而被忽略了。另外，对重要的内容，为提醒人们注意，还可以适当地重复，正面说了，再从反面提出问题来加以回答。这叫强调。但对不重要的或别人已清楚的内容你反复讲，那就叫啰唆。

第四，写文章要注意通篇的结构。古代文人有句形容文章结构的话，叫"凤头、猪肚、豹尾"，很有道理。

"凤头"很重要。看文章，一般都是从开头看起，他要看这个开头是不是提出了什么让自己感兴趣的问题，有没有新颖的观点，有没有大胆的设问，让他形成一个悬念，吸引他看下去。如果开头抓不住他，他就不看下去了。当然也可以有别样的写法，不能一概而论，也可以像《诗经》中的："关关雎鸠，在河之洲。窈窕淑女，君子好逑。"先从远处说，慢慢地把你吸引过去。开头不必太长，长了就不是"凤头"。

"猪肚"是身子，是躯干，就是文章的主体部分要丰满。说理论证要充分，要有说服力，不仅要提供一些见解，还要提供一些知识。

"豹尾"这个词用得非常好。谁都知道豹的尾巴非常有力。用在写文章上，指的是当你充分展开了论述，把问题说清楚后，希望人家看完这篇文章后能留下一个强烈的印象。这就要求在结尾处把它点明，把全文有力地刹住，甚至把意思再上升一个台阶，使人读后感到可以举一反三，感到有回味。结尾绝不能长，恰到好处时就戛然而止。有的文章到了结尾处又去展开，那就把整篇文章给写散了。

除了整个结构中的几个部分要处理好以外，还要考虑到一点，怎么能够做到全篇浑然一体，别弄成"板块结构"。这种结构就像过去盖房子，用预制板拼接的，在两块板之间连接处用铁钩子钩在一起，相互间没有什么内在联系，平时像座房子，实际上是几大块，一遇上大地震就全塌掉了。现在有些书籍，各章节都自成段落，看不出来它的上一章节和下一章节的内在联系。以前有人说文章有的是"流出来的"，有的是"挤出来的"。所谓"流出来的"就是像自来水龙头一样，一打开，"哗"地一下，水就喷涌而出，自然流畅，一气呵成。所谓"挤出来的"，就是像挤牙膏一样，一点一点的，想一点，写一点，没有一口气贯注在里面，更没有前后的照应，杂乱而干瘪。

第五，写文章文字要尽量平实、干净，尽可能口语化。平实是指讲得很朴实，很准确，很亲切。不要用那些不确切的、夸张的问句。实际上，使用一些过分夸张的词句，并不能增加文章的感染力，反而会使文章减色。

干净就是文字不要拖沓，要朗朗上口。20世纪40年代，我高中毕业前没有写过白话文的文章。文言文虽有不少缺陷，但有一个好处，就是语言干净，念起来抑扬顿挫。现在有的文章不注意这些。我对一位年轻人说，你写好文章后最好像广播员那样把自己的文章念一念，一念就能听出来文字干净不干净，有没有疙疙瘩瘩的地方。一般说来，句子不要太长，尽量用短句。

讲了这五点，我再强调一遍，写文章没有公式。如果你拿这几条去套，那就写不出文章了。我过去看到过一幅漫画：一条蜈蚣在那里爬，爬得很自如，一个专家拿了一个放大镜仔细观察了很长时间，然后总结说，蜈蚣走路是先把左边第一只脚抬起来，抬到什么高度落下来，然后再迈右边第一只脚，再迈左边第二只脚……等这个人讲完了，蜈蚣想按照他那个规范了的方法来爬，反而一步也爬不动了。写文章也是这个道理。

对起草文件的几点体会

因为工作需要，我参与过一些重要文件的起草。文件的写作和平时文章的写作既有共同点，也有不同点。我的体会是要注意以下几点：

一、起草文件不是个人的创作，首先要对中央历来的精神和提法吃透，做到准确把握。

不能随便违背中央历来确定的方针原则。这涉及政策的连续性和稳定性问题。当然，也不是说过去的提法绝对不能改动。如果经过充分的调查了解，确知周围的条件发生了变化，有些提法也是可以改变的。但这种改动应当是在了解原来提法基础上的改动，不能随便改。最后究竟改不改，也只能由中央来决定。

二、起草文件前要进行调查研究，要针对实际问题来谈。

起草文件不能只从抽象的道理出发，靠推理来进行，不能把主要力量用在编句子上，不能只是重复以往文件上说过的话，而是要着重分析实际问题，看看问题到底在哪里，表现是什么，有哪些原因，该怎么解决。写到书面上有时可能只简略地提到，但心里一定要有数。一次有人把一篇文章送给乔木同志看，看后他说，文章一个结论紧接着一个结论，叫人看得喘不过气来。有些文件叫人看着累。但假定你是针对大家关心的实际问题，把它的原因、表现和对策说得实实在在、清清楚楚，就不会使人产生这种感觉。

三、提法用字要特别审慎。

起草文件跟个人写文章不一样，是要用来指导实际工作的，每一个提法都要提得准确、有分寸。起草时，对文件上的话人家可能会产生什么误解，这些工作要怎样做，可能会产生什么不正确的做法，应该努力预见到。毛主席讲1947年土改存在"左"的问题时曾说，这个问题中央也有责任，提出了原则，但没有提具体的政策界限。有些问题其实是可以预见的，起草文件的时候就要注意它们，想得周到，把"补丁"预先打好。

四、一篇重要的文章，总得要有几句能够给人留下印象的话。

能留下印象的话，也就是人们常说的"名句"。像毛主席说的"下定决心，不怕牺牲，排除万难，去争取胜利"，邓小平同志说的"发展才是硬道理"，江泽民同志说的"治国必先治党，治党务必从严"，胡锦涛同志说的"权为民所用、情为民所系、利为民所谋"等，都是在一篇比较长的文章中突现出来的"名句"，大家都能够记住。所以起草文件时，在重要的地方要"炼句"，给人留下印象。

五、要考虑替谁起草的问题。

起草文件或讲话稿要考虑由谁来讲或是由哪一级单位下发，文件的写法要同它的身份相称。给一个地方的"一把手"写讲话稿，和给部门领导写讲话稿，口气应不一样。领导的职务越高，越是需要从宏观的大的方面去讲，关键地方要说几句很有分量的话。但没有达到这个层次时用那样的话，就会让人感觉口气太大。

通常用 80% 的时间来看材料

每个人都会有自己的写作习惯，不会一样。我是从事历史研究的，写的东西大多同中共党史、中国近现代史有关，如果要问我自己的写作习惯，说起来，大概有这么几点：

首先，把主要的力量放在看材料上。通常是把 80% 的时间花在这方面，写作的时间只占 20%。关于材料，尽可能使用比较可靠的原始材料，二手或三手材料不大敢用。回忆材料有时候不能不用，有些人就是当事人，记忆力也非常好，材料又很生动，当然是可以用的。但对这些材料也不能全盘照搬，要同大量原始材料进行比较、鉴别，选择最接近事实真相、最确切的材料。现在有些同志喜欢搞"短平快"的文章，文章的"起承转合"也像是那么一回事。但内容空泛，一看就知道在材料上的功夫没有下够。

第二条，边看材料边思考。实践是检验真理的唯一标准，但研究历史无法再去实践了，只能依靠看材料。看材料前，头脑里总存在一个或几个问题需要解决。看了材料，会产生一些想法。不断看材料，不断地把原来的想法深化、细化或补充。但一开始只能把这些想法作为假设，不能成为成见。你看到了正面的例证，对反面的也不能忽略。看着看着，一个新鲜的看法产生了，很兴奋，但实际上这可能只是看到了问题的一个侧面，甚至是一个不重要的侧面，接着看，到最后甚至把原来的想法推翻了。有的人一开始看了一些材料，认为事情就一定是这样的。有了这个看法，马上把它形成一个固定的看法，围绕这个看法再去找材料，好像越说越周全，其实背后留下了一个大窟窿，被他忽略了，这就叫"先入为主"。最后，被别人一戳就破。所以，看材料的过程也是思考的过程，我说用80%的时间看材料，也包括这个过程在内。通常是材料看完了，文章怎么写基本上也就有谱了。

第三条，写一篇文章也好，写一本书也好，都是为了着重回答一个问题。这些问题，通常都是自己头脑里本来存在而没有解决的。去研究它，首先为的是力求回答自己不清楚或不很清楚的问题。两三年前，我写过一本 30 来万字的专著《转折年代：中国的1947 年》，讲 1947 年国共两党力量对比发生转折的这段历史，30万字的中心只回答一个问题，即为什么在短短一年里，国民党会从强者变成弱者，共产党会从弱者变成强者，这个转折是怎么发生的？讲得很集中，别的事就不怎么去讲了。

一篇论文或一本书要写得集中，需要花很大的功夫。通常说来，开始写的时候是苦于内容"少"，包括材料搜集得不够、看法不多等；在这两方面通过努力得到弥补后又会苦于头绪"多"，不知道怎样做到重点突出、主线清晰，而不陷于枝蔓，这就有个选择和取舍的问题。总之，要将复杂的问题尽可能用比较简单的逻辑表达出来。在这个过程中，先由少到多，再由多到少，哪一步都不能省。

第四条，通常是一口气写下来，写完以后再反复改。当然，要一口气写下来，前提是对基本资料已很熟悉，基本思路已经理清。这样比较容易做到一气呵成，读起来比较流畅。写起来快，以后进行修改，结构一般就不怎么动了，包括两三万字的文章也是这样。

以后，只要翻来覆去地改。一篇文章，一般都要修改三四遍，看看讲得是不是周全，文字是不是顺畅，有哪些地方需要强调或压缩等等，否则是不敢拿出去的。

这几点只是个人的习惯，别人未必如此。

（本文为《秘书工作》编辑部采访时的谈话记录。

载《秘书工作》2005 年第 10 期）

学风问题至关重要

学风，是近年来大家谈得比较多的一个问题。

学风看起来是无形的，却起着"润物细无声"的作用。一种风气一旦形成，就会在无形中左右人们的想法和做法。对一个学术集体来说，有好的学风，潜移默化，积以时日，就容易出人才、出成果；要是学风不正，路子不对，即便有好的苗子，也难以取得大的成就。因此，树立和培育什么样的学风，对学术的发展至关重要。这里只从史学领域来谈谈学风问题。

历史研究看重原创性研究，这就需要尽可能多地掌握可靠的原始资料，经过细心的鉴别和比较，理清事情的发展线索，分析并说清楚一些关键问题，并放在广阔的时代背景下和历史发展过程中去考察，力求再现当年历史的本来面貌，从中领悟可以发人深省的规律性知识。这是一项艰苦的探索性工作，又是一项具有巨大吸引力的令人陶醉的工作。现在，有大批史学工作者特别是许多中青年史学工作者，热爱自己的专业，在比较清苦的条件下，通过孜孜不倦的工作，取得了一些重要成果。他们的学风是优良的、健康的。没有他们的这种努力，也就没有近年来我国史学发展所取得的显著成绩。但是，在学风方面确实也存在一些值得注意的隐忧。

一种是"浮躁"。功夫没有下够而急于求成，不注意长期积累，没有刻苦钻研原始资料，对问题缺乏深入而周密的思考，把复杂的问题简单化，匆匆忙忙地发表，结果写成泛泛而论、平铺直叙或故意标新立异的作品。文章中结论式的话很多，丝丝入扣的分析和能说服人的论证很少，引用的事实经不起严格推敲，使人读后少有所得。这样的作品，讲得好听一点是浅尝辄止，讲得不好听一点是东拼西凑、粗制滥造。还有一些作品，题目相似且内容大同小异，说来说去都是些早已被说过多少遍的话，不能真正帮助人们将认识推进一步。经济工作中常讲的"低水平重复建设"在史学领域也同样存在。这种浮躁现象的产生，有个人的原因，也有社会的原因，包括有些并不科学的管理制度等。但不管什么原因，如果把学风搞歪了，对自己、对后人都会产生长期的不良影响。《论语》说："无欲速，无见小利。欲速则不达，见小利则大事不成。"这句话对力戒浮躁有很好的启示作用。至于剽窃他人成果之类的行为，已不属于浮躁的范围了。

　　另一种是出于对以往某些"假大空"作品的反感，力求把研究工作做实做细。这与上一个问题性质并不相同，是同一些可喜现象联系在一起的。但在这一过程中，也有部分学者研究的题目越做越窄，而且往往只是就事论事，不能以小见大，使人读后得到举一反三的领悟，或者加深读者对重要历史事实某些侧面的了解，以致在总体上流于碎和散。这也许是一个自然的过程，可以为将来更高的综合创造条件，使步子走得更为扎实，而且这类作品今后仍然是需要的。但如果整体上或者占主流地位的趋势长期停留在这种状况，以为史学之能事尽于此矣，也会造成"只见树木不见森林"，使史学的发展受到局限。看看近代的前辈史学大师，都是既有宏观的通览全局的眼光，又有微观的对关键问题剖析入微的本事，做到大处着眼、小处着手，将一个个问题连贯起来思索，提出独创性的见解。

正是他们，才足以带领历史学科取得突破性的发展。

　　养成好的学风，对年轻史学工作者格外重要，因为他们代表着未来，是中国史学发展的希望所在。这个问题对他们格外重要还有两个原因：一是他们正处在长途跋涉的起步时刻。一个人开始走路之时，方向瞄得准不准，路子走得对不对，短时间内也许看不出什么问题，但时间一长，不同人之间的距离就会明显拉开。这是决不能小看的。二是年轻时可塑性最强。这时候培育起一种好的学风，循此前进，将会终身受用。相反，要是养成了不好的习惯，逐渐定型下来，到年长时想改就很难了。时间是过得很快的，充分把握好、利用好年轻时这段珍贵的时光，为一生打下扎实可靠的基础，实在太重要了。

　　中国是一个有着悠久史学传统、大师辈出的国家，前人的遗产中有不少有用的东西，在新的历史条件下又增添了许多新的内容。今天，随着我国社会主义现代化建设的发展和国际地位的提高，世界越来越看重中国的声音。在史学领域，我们也应该对得起这个时代，既不能抱残守缺，又不能妄自菲薄，而应努力培育好的学风，在世界面前发出中国自己的声音，形成自己的风格，走出一条自己的路。

（载《人民日报》2004 年 5 月 28 日）

历史是最好的教科书

习近平同志在中共中央党校开学典礼上作过《领导干部要读点历史》的讲话。在中央政治局集体学习时，他又提出："历史是最好的教科书。"这把中央领导人历来强调的要重视历史学习的问题提到新的高度。

现在，我们面对的工作那么繁忙，需要学习的知识很多、很重要，为什么他特地提出"要读点历史"的要求，并且把历史称为"最好的教科书"？那是因为这个问题在今天的现实生活中实在太重要了。

（一）历史是现实的由来，不了解现实生活中种种问题的由来，便不可能正确地认识和处理好这些问题。

进入21世纪，大家都感觉到面对无数的新事物和新问题，需要我们正确地认识它，对待它。那么这些新事物和新问题是不是凭空发生的？是不是同过去没有什么联系？是不是在这里发生的问题可以简单地搬用其他地方那些类似问题的处理办法去解决？都不是。

事情的发生，通常有一个逐步积累和发展的过程，看起来突然发生的大事其实都是历史地形成的。而不同的国家、不同的地区乃至不同的单位，由于历史状况以及其他条件不同，即使在类似问题上也都会呈现出不同的特点，不会完全雷同。这就需要人们养成对事情做历史考察的习惯，首先弄清事情的来龙去脉。如果对这些不了解，遇到事便匆匆忙忙地动手去解决，那就很难不陷入主观主义而导致挫折，甚至失败。

当然，除了自身的历史原因外，外部环境的推动也会对事物发展产生重大影响，是不能忽视的，但它终究是在自身内在发展基础上产生作用的。这就是毛泽东在《矛盾论》中所说的："外因是变化的条件，内因是变化的根据，外因通过内因而起作用。"

养成这种历史地考察问题的习惯十分重要。我们可以先举身边生活中常见的简单例子来论证。如果你要介绍和评论一个人，或者要同某人深交，首先就得熟悉他、了解他，包括要熟悉和了解他的历史状况，如他过去的环境和经历，他以前常同怎样的人来往，他在各个历史时期，特别是关键时刻的表现，他方方面面的所作所为等，了解得越清楚、越准确，就越有把握做出中肯的分析和判断。如果你对这个人只有一些粗枝大叶乃至道听途说的了解，你向别人介绍或评论这个人时，无论用什么抽象原则来衡量，或是用什么最新方法来分析，表面上讲得头头是道，真正熟悉他的人听了就会提出疑问：他是你说的那个样子吗？如果只凭对方一时的表现来对他做出全面的判断，去对待他，有时就会看错人甚至闯出乱子来。

再如你新到一个单位去，想把工作做好，就得努力了解这个单位过去的情况（也就是历史情况），包括它的大体沿革和成员构成，在工作中遇到过什么问题，问题的棘手之处在哪里，人们有什么不同看法，怎样做能取得成功，怎样做解决不了问题，甚至会遭受挫折，如此等等。对这个情况了解清楚了，工作起来便比较有把握，也比较容易取得成效。如果对这些历史情况没有真切的了解，情况不明、决心大，那就没有不出乱子的。毛泽东在《反对本本主义》

中写道："你对于那个问题不能解决吗？那末，你就去调查那个问题的现状和它的历史吧！你完完全全调查明白了，你对那个问题就有解决的办法了。"说的也就是这个道理。

这些比较浅显的例子说明：只有弄清事物发展的来龙去脉，了解问题所产生的复杂原因，才有可能正确地认识和处理好眼前面对的种种问题。

再来看更重要的大问题。中央提出要实现中华民族伟大复兴的中国梦。为什么提出中华民族"伟大复兴"，而不是一般地提中华民族的发展？这也有历史的原因。

中国是一个有着几千年绵延不绝历史的文明古国，创造出了灿烂的古代文明，直到18世纪依然站在世界的前列。但在英国工业革命和法国大革命以后，中国却大大落后了，到近代沦为半殖民地半封建社会的悲惨境遇，中华民族被西方列强看作"东亚病夫"和"劣等民族"，受尽种种压迫和凌辱。这不能不使每个有爱国心的中华儿女下定决心，不惜做出巨大的自我牺牲，要求"振兴中华"。经过一百多年前仆后继的奋斗，终于在中国共产党的领导下取得胜利，建立了新中国。这个胜利得来多么不易。当毛泽东在人民政协会议开幕式上讲到"占人类总数四分之一的中国人从此站立起来了"时，多少人禁不住热泪盈眶。

如果不了解中国曾经历那么多屈辱和苦难，如果不了解先人们为了这一天的到来曾付出多么大的代价，是很难理解这种感情的。前辈学者任继愈教授曾经感慨地写道："只有历尽灾难、饱受列强欺凌的中国人，才有刻骨铭心的'翻身感'。经过百年的奋斗，几代人的努力，中国人民终于站起来了。这种感受是后来新中国成长起来的青年们无法体会得到的，他们认为中国本来就是这样的。"

在新中国成长起来的青年们自然不可能再去重新经历昔日的那些苦难与屈辱，但多读一点历史可以弥补一点这种不足。

为什么实现中华民族伟大复兴的中国梦只能由中国共产党来领导？读读中国近代以来的历史就可以明白。在中国共产党成立前，中国人进行过长期不屈不挠的斗争，做过多种尝试，但都没有取得成功。中国共产党一成立，就显示出它有几个中国历史上前所未有的鲜明特点：第一，它有着科学理论——马克思主义的指导，用来观察和分析中国的复杂社会情况，指明正确的前进方向；第二，它下决心深入底层，到占中国人口最大多数的劳动大众中去，同人民群众形成血肉相连的鱼水关系，代表人民的利益和要求，依靠人民的力量来实现这种理想；第三，建立起一个由具有共同理想和严格纪律的先进分子组成的党，成为团结人民共同前进的核心力量。这几点，是中国以往任何政治力量不曾有过的。它给中国的社会生活带来了全新的东西，开辟了一个新的历史时代。

中国共产党成立以来，经历革命、建设、改革的长期考验，在异常复杂的环境中团结带领全国各族人民创造了举世瞩目的伟大奇迹。在探索前进过程中，尽管也犯过错误，有过曲折，但都依靠自己的力量和人民的支持，得到纠正，以新的姿态大踏步前进。中国共产党的领导地位是人民的选择、历史的选择。正如习近平所说："历史在人民的探索和奋斗中造就了中国共产党，中国共产党领导人民又造就了新的历史辉煌。"

十分明显，在中国社会主义现代化事业的进程中，为了做一个自觉的目光远大的建设者，正确地处理面对的各种新事物、新问题，读一点历史是不可缺少的。

（二）历史是前人知识和经验的总汇，多读点历史，可以增长人们的智慧和才干。

大家常讲实践是检验真理的标准，那么历史就是一个个国家、民族千百年来全部社会实践的真实记录。怎么做能够取得成功，怎么做会导致挫折以至失败，在这些真实的记录中可以看得清清楚楚。

毛泽东在《实践论》中写道："一切真知都是从直接经验发源的。但人不能事事直接经验，事实上多数的知识都是间接经验的东西，这就是一切古代的和外域的知识。这些知识在古人在外人是直接经验的东西……在我为间接经验者，在人则仍为直接经验。"如果只看重个人的直接经验，而不去研究古人和外人的经验，他的知识是不完全的，容易目光短浅，走上狭隘经验主义的歧途。

中国近代政治家、思想家和学者梁启超在讲到司马光《资治通鉴》时说："读此书的人都说他'最能益人神智'。甚么叫益人神智？就是告诉人对于种种事情如何应付的方法，此即历史家真实本领所在。""（司马）光书有好几处记载史事，不看下面，想不出应付的方法，再看下面，居然应付得很好。这种地方，益人神智不少。"他还写道："我们看一个伟大的传记，看他能够成功的原因往往在很小的地方，所以自己对于小事末节，也当特别注意。但不单要看他的成功，还要看他的失败。如何会好，如何会坏，两面看到，择善而从。"

历史著作，往往记录了人类社会中经历的许多极为重要而复杂的历史事件，记录了古往今来许多最有智慧和才干的历史人物是怎样思考和应对种种问题的，也记录了这些思考和应对在实践中最后取得了成功还是造成了失败。对后人来说，这些生动的事实是多么好的教材！

所以，中外很多大政治家往往都特别爱读历史书籍，并且从中汲取智慧。毛泽东便是一个突出的例子。大家都知道，他读的历史书很多，对中外历史异常熟悉，并且经常引用历史故事和前人的经验之谈来启发和教育后人。他主张：不应当割断历史，不但要懂得外国革命史，还要懂得中国革命史，不但要懂得中国的今天，还要懂得中国的昨天和前天。他在讲话中不但旁征博引、纵论古今，而且还具有很强的哲理性和现实针对性。他讲"愚公移山"这个故事是众所周知的，目的是鼓励人们在从事中华民族的解放事业中要有最大的决心和毅力。他曾说过：汉高祖刘邦会用人，他得天下，一因决策对头，二因用人得当。从中得出的结论是：领导的任务不外决策和用人。

多读点历史，对增长人们的智慧和才干，还有一个十分重要的作用，就是能帮助人们提高精神境界，养成从长远的历史视野和发展观点来看待眼前种种事物的习惯，遇事能够处变不惊，冷静客观地进行分析，沉着应对，表现出足够的定力。这无论对于全局性的大事，或是身边的小事，都是一项终身受用的可贵修养和品格。

"要读点历史"，当然不只是指中国古代和外国的历史，更重要的是要读点中国共产党和中华人民共和国的历史。中国共产党领导全国人民奋斗90多年的历史和中华人民共和国60多年的历史，内容太丰富了。在不长的几十年内，中国共产党坚忍不拔地历经无数艰难险阻，多少次在他人看来几乎已濒临绝境的状况下冲破险情，依靠人民群众的力量，在中国这块古老的土地上建立起一个人民当家做主的新国家和新社会，又开创了以改革开放为标志的社会主义发展新时期。在这个过程中涌现出多少有理想、有志气、有智慧和才干的民族英雄、革命志士和各条战线的优秀人物。今天，全世界的目光都在注视并谈论着中国为何能在这样短的时间内取得令世人惊讶的巨变和成就。它留给人们的经验教训和精神遗产，对后人的教育意义更直接、更深刻。这是一笔多么丰厚的精神遗产。我们必须深入研究党史、国史，认真学习党史、国史，充分发挥党史、国史在以史鉴今、资政育人上的作用。这也是时代赋予史学工作者的一项重要责任。

（载《历史研究》2014 年第 6 期，原题为
《重视历史学习是我们的优良传统》）

中国传统文化三题

一、中国传统文化不是封建文化的同义语

不能把中国传统文化和封建文化看作同义语。持有那种看法的学者有时引用一句名言作为立论的依据，那就是：在阶级社会中，统治者的思想便是那个社会占统治地位的思想。这话并没有错，但如果由此引申出前面所说那种结论，便把复杂的问题简单化了。

事情至少要看到还有另外一面。中华民族在我们这块土地上生存、繁育了几千年，能够绵延不绝，始终不散，成为世界上人数最多的民族，并且创造出灿烂的古代文明，很长时间站在世界前列，这在整个人类社会中并不多见，一定有它的原因。

原因之一，就是我们的祖先在漫长岁月的社会实践中，特别重视怎样做人、怎样处理人与人之间的关系、怎样从总体上认识人同环境的关系，逐渐形成一整套为多数人接受的道理和习尚。这不是哪个人或几个人所能凭空编织出来的，也不是少数人所能强加给所有人的，必须有一个基础，那就是人们在社会实际生活的"磨合"过程中，经过长期积累，逐渐形成某些"游戏规则"，成为当时人们共同认可的是非尺度和行为准则。这是一种社会需要。它的最初产生，甚至在有阶级社会出现以前。没有这种共同的"游戏规则"，社会生活就无法维持和运转。

美国著名学者费正清、赖肖尔、克雷格在他们合写的巨著《东亚文明：传统与变革》中，用比较史学的眼光写道："可以说，东亚人在群体生活经验方面要远远丰富于其他各民族。""个人适应群体，家庭适应社会，与其他民族的所谓社会经验相比较，这些关系间很少出现摩擦，也很少产生孤立感。"

我们的祖先在这方面确实给我们留下许多好东西，比如：崇尚民族气节，"天下兴亡，匹夫有责"，"苟利国家生死以，岂因祸福避趋之"；对自己，"自强不息"，"先天下之忧而忧，后天下之乐而乐"，"三省吾身"，诚信，廉洁奉公，"慎独"；对别人，"己所不欲，勿施于人"，"己欲立而立人，己欲达而达人"，"和而不同"，"三人行必有吾师"；看待周围的事物，"天道有常"，"物极必反"，"否极泰来"，"祸兮福所倚，福兮祸所伏"；等等。民间谚语中也有许多好东西，如"人穷志不穷"，"书到用时方恨少，事非经过不知难"，"将心比心"，"一言既出，驷马难追"。我们民族的这些优秀传统，在不少方面并不能说只是封建主义的产物，而是人们从长期实际生活经验中概括出来的，深深地影响我们民族精神的形成，是中华民族所以能几千年生存发展、没有中断而在今天又能重新复兴的重要原因。

当然，即使是祖先留下的东西里面也有消极的，特别是同现代生活不相适应的内容，如等级观念、男尊女卑、故步自封等。这些，直到现在仍有不小的影响，应当剔除或逐步改造。它还存在时代的局限性，到近代更已大大落后于世界的进步。这就更要求我们顺应时代潮流，对传统既继承又批判，不断加以发展。

中国曾经经历几千年的封建社会，封建主义在思想文化领域的深刻影响当然决不能忽视。前面说的是，中国封建社会留下的文化不能说全是当时的统治者根据他们的狭隘需要制造出来的，许多内容有着更深刻的社会根源。但封建统治者们必定要尽力把人们在实际生活中形成的"游戏规则"纳入他们的需要，加以改造，作为巩固和强化封建统治的重要思想武器和精神支柱。中国封建社会持续的时间那么长，历代统治者几乎都在这方面精心经营，把它理论化和系统化。这就给中国传统文化打上深深的封建主义烙印，两者紧紧地交织渗透在一起，难以分开。后者处于主导的地位。所谓"三纲五常"便是突出的例子。这些都曾严重束缚中国人的思想，妨碍中国的进步。但对封建文化同样必须做具体分析，它也包含许多值得吸取的有益养料，在它的上升时期尤其是如此，这方面的事例是很多的。总之，只要是人类社会留下的文化遗产，都是可以分析的，需要细心辨别它们中好的东西和不好的东西，不能像俗话所说：在倒去浴盆里的脏水时，把孩子一起倒掉。

二、经济全球化和文化多样性

今天我们常常谈到经济全球化和文化多样性。这样说是不是自相矛盾而陷于混乱？当然不是。

经济全球化是客观存在的现实。它是指随着社会经济和科学技术的飞速发展，全球各国间的经济联系和相互依存越来越密切，再也分不开了。不管哪一个国家考虑自身的经济发展，都必须有全球的眼光，与世隔绝、关起门来建设是做不到的。

经济和文化有联系又有区别，两者在性质和特征上都有所不同。这来自物质生产和精神生产的不同。而文化问题又同民族问题无法分开。世界上有众多民族。这些民族长期居住在相同的地域或环境中，在经济和文化上密切联系，有着共同的经历和回忆，逐步形成共同的心理状态、风俗习惯以至文字语言，构成一个稳定的共同体。这种状况是历史地形成的，并且继续受着它所处环境的影响，带有各自的明显特点，恐怕在今后很长历史时期内也难以根本改变。

当然，说难以改变并不是绝对的。事实上，各种文化彼此总在相互影响着，从来没有停止过。中国在中古时期曾受印度文化很大影响，近代以来更受到西方文化的极大影响，给传统文化增添许多新的内容，成为文化发展的重要推动力量。但这些外来影响如果要在中国生根，最后都要中国化，并不是消灭中国文化而把它变成另一种文化。鲁迅在20世纪初谈到中国文化的发展时说过一句很重要的话："外之既不后于世界之思潮，内之仍弗失固有之血脉。"前一句讲的是时代性，后一句讲的是民族性。

实际上，西方文化又何尝不是如此。它在发展进程中，同样也受到中国、古代中东、伊斯兰文明很多影响。但东方文明和西方文明依然各自有它的文化特征，并不因此变成另一种文化，也没有因此产生一种全人类相同的普世文化。就拿西欧国家来看，它们的文化虽然相近，但德国人、法国人、英国人、意大利人不也依然有着各自的文化特征，并且对自己的民族文化遗产异常珍惜和重视吗？

不同的民族和不同的人有类似的地方，各有自己的长处，也有自己的弱点，形成自己的性格特征。文化中最重要的，一个是价值观，一个是思维方式。如果将东方文化（包括中国传统文化）同西方文化做一点比较。中国传统文化在价值观方面强调群体意识，近代以来由于深重民族危机的威胁而更强化了这种意识；而在思维方式方面强调总体的把握，中医、国画等都可以作为例子。日本学者高桥进教授在《中国思想在世界史上的现代意义》一文中谈到源于中国传统文化的"相待观的世界观"，认为"'此物'在同'彼物'的对待关系中存在——这是东方的根本思维方法。其最典型的例子，我们在《周易》的理论中能看到"。"个人当被尊重，但更重要的是个人与个人要相互协同、联带、团结，以创造家庭、地域社会、民族、国家的有调和的共同体，来实现世界和平和人类幸福。东方精神文化的根本精神就在于此。"这些是历史地形成的，而成为民族性格特征的一部分。中国传统文化中的优秀部分同这些有关。它当然也有另外一面。有人批评中国传统文化强调群体而忽视个体，强调综合而忽视分析，这种批评是有道理的。中国近代的落后，在这些方面就吃了不少亏。但能不能把一切都反过来，只强调个体而忽视集体，只强调局部的分析而忽视总体的把握，那就从一个极端走向另一个极端，未必可取，并且不可能在中国这块土地上生根。

经济全球化的迅速发展，当然会给各个民族和地域的文化带来冲击，在相当程度上改变它们原有的面貌，但不同民族的各自特点包括文化差异依然会存在。它们之间应该和谐共处，相互取长补短。越是经济走向全球化，越需要重视全球各个成员之间的平等和相互尊重，包括尊重文化多样性这个事实。这也是中国传统文化中所说的"和而不同"的意思，决不可能在全世界只有一副面孔、一种文化，也不可能把某一种文化、某一个民族和国家所持的价值观和思维方式强加给其他民族和国家，要他们照搬照用，那是办不到的事情，也不利于人类文明的发展。

三、中国人在文化上也要有自己的独立声音

实现中华民族的伟大复兴，是几代中国人梦寐以求的奋斗目标。中国共产党十六大报告中一开始就提出：在中国特色社会主义道路上实现中华民族的伟大复兴，这是历史和时代赋予我们党的庄严使命。报告的结语只有四小段，而提到"中华民族的伟大复兴"就有五处之多。

讲"复兴"和讲"发展"相比，两者既相通又有所不同。中华民族的伟大复兴当然要靠发展，没有发展便谈不上复兴。可是复兴还有一层意思，就是中华民族曾经创造出灿烂的古代文明，站在世界的前列，而在近代却落后了，在不短的时间内沦落到任人宰割和欺凌的半殖民地地位，被别人看作"劣等民族"，这使每一个有志气的中华儿女都无法忍受，渴望要恢复民族的主权和尊严，毫无逊色地自立于世界民族之林。如果中国在千百年来一直是一个十分落后的国家，那么今天面对的问题讲发展就够了，不再需要讲什么复兴。

讲"中华民族的伟大复兴"，当然不能把它误解为是要恢复一两千年前的所谓"汉唐盛世"。汉唐在当时世界上是先进的，但拿到今天来看，我们只能是发扬它那部分优良的传统，不应该也不可能再去全盘恢复它，如果还说要恢复到那时去，岂不是开历史的倒车？讲"实现中华民族的伟大复兴"，也决不意味着中国想称霸，那同我们"不称霸"的国策完全背道而驰。它的含义，其实只是如毛泽东主席在 1956 年所说："进到二十一世纪的时候，中国的面目更要大变。中国将变为一个强大的社会主义工业国。中国应当这样。因为中国是一个具有九百六十万平方公里土地和六万万人口的

国家，中国应当对于人类有较大的贡献。而这样贡献，在过去一个长时期内，则是太少了。这使我们感到惭愧。"这里讲的是"中国应当对于人类有较大的贡献"，"复兴"的真正含义正在于此。

实现中华民族伟大复兴的要求是全面的，既包括经济、政治，也包括文化。我们有这个责任，也有这个可能，但需要走的路还很长，需要继续做出极大的努力。

半个多世纪以来，中国的面貌已经发生翻天覆地的变化，越来越受到世界各国的尊重。无论全球性的还是地区性的问题，人们都越来越注意要听取中国的声音。

一百多年的半殖民地地位，曾经在不少中国人中间造成一种很不好的畸形心理，就是民族自卑感，以为中国处处不如人，好像对外国的一切都要仰着头看，只有处处跟他们学才算是适应现代潮流。这种心理是不健康的。

拿文化来说，前面提到东方文化和西方文化各有自己的长处，也有自己的弱点。在15世纪以前，中国曾创造出居于世界前列的古代文明，走在很多欧洲国家前面，并不是偶然的。进入18世纪，这种状况还没有根本改变。在这以后，西方国家远远走到了我们前面。今天，我们又在奋起直追，取得被全世界视为奇迹的成就。事物就是这样波浪式地发展着。现在，世界上越来越注意要听到中国的声音。在文化领域内，包括学术领域内，我们也应该有充满东方智慧和特色的中国自己的独立声音。在这方面，决不能妄自尊大，排斥任何外来文化，甚至像以往有些人那样声言要以东方文明来拯救世界，那是荒唐的；但也不必妄自菲薄，亦步亦趋地跟着别人走，甚至生搬硬套外国学者的某些未必适合于中国的论断，结果过分热衷于"趋时"却往往容易"过时"。我们需要的是：立足中国实际国情，努力创造出既承传中国优秀传统文化，又适应时代潮流的新文化来；和世界不同文化和谐相处，相互取长补短，共同发展。这是符合人类文化发展的客观规律的。

（本文为作者在澳门大学的一次学术报告。

载《炎黄文化研究》第 3 辑）

中国近代历史的几个根本问题

　　中国近代史究竟指什么？它的时间范围是什么？对这个问题大致有两种说法：一种说法比较早，认为是从 1840 年鸦片战争到 1919 年五四运动；另外一种说法认为是从 1840 年鸦片战争到 1949 年中华人民共和国成立。这些年来第二种说法被比较多的人认可。此外，解放以前国内和海外也有些人认为中国近代史从明清之际开始，但这种说法目前在国内没有多少影响。

　　以往我们比较多地把中国近代史说成从鸦片战争到五四运动，有它的历史原因，这大体上是从 1949 年以前流行起来的。那时范文澜写过一部《中国近代史》，指的是从鸦片战争到五四运动。张闻天编写了一部《中国现代革命运动史》，讲的是五四运动以后的中国革命史。当时把近代、现代那样划分很容易理解，因为那个时候还处在 1949 年以前，当然不可能把近代说到 1949 年，现代只能说是五四运动以后了。现在新中国成立已经 50 多年，近代现代的概念应该有个变化。从鸦片战争到中华人民共和国成立是一个完整的发展阶段，从社会形态说，它是中国半殖民地半封建社会的历史，它是中国近代民族民主革命的历史。这一时期中国人所要解决的是一个共同的问题。所以这个看法现在得到了越来越多人的认可。

　　从 1840 年到 1949 年的 100 多年，是决定我们民族生死存亡的 100 多年，是中国从极度衰败、备受各种屈辱以至于濒临灭亡的边缘，到能够重新站立起来并开始大踏步走向现代化的一个重大的转折时期。像中国这样一个有着几亿人口的东方大国，在 100 多年间能够发生这样的翻天覆地的变化，在人类历史上是罕见的。这样一个变化，可以说是几代中国人前仆后继、顽强斗争的结果，是付出了很大的代价才换来的。

在中国历史上，如果用更宽广的眼光来看这段百余年的历史，可以说它是处于承上启下的地位。在此以前是古代的中国，而在此以后是努力实现社会主义现代化的中国。它处在这么一个过渡的过程中。

江泽民在党的十五大报告里说，从 1840 年的鸦片战争以后，中国变成了一个半殖民地半封建社会。中华民族面对着两大历史任务：一个是求得民族独立和人民解放；一个是要努力实现国家繁荣富强和人民共同富裕。前者是为后者扫除障碍、创造必要的前提。这几句话把这一段历史所处的地位讲得很清楚。如果把 20 世纪一分为二地看，上半个世纪从 1901 年到 1949 年，主要要解决的是民族独立和人民解放；而从 1949 年到 2000 年这后半个世纪，所要解决的是努力实现国家的繁荣富强和人民的共同富裕。前面将近 50 年的奋斗，正是为后面的 50 年扫除障碍。走不好前一步，就谈不上走后一步。十五大用的提法是"创造必要的前提"，所谓"必要"，就是不可缺少的、绕不开的前提。

下面讲讲中国近代历史上三个根本性的问题。

一、为了中华民族的伟大复兴

"实现中华民族的伟大复兴"，这是贯穿整个中国近代历史中的一个非常突出、非常响亮的口号。这里说的复兴跟一般的讲发展不同。复兴是指它曾经有过光辉灿烂的过去，要重新振兴，这叫复兴。如果过去一直处在非常落后的状态下，今天只能叫发展，不能称复兴。众所周知，中国是一个有着5000多年历史的国家，曾经创造过灿烂的古代文明。汉唐盛世曾在世界上处于领先地位。清朝康熙至乾隆时代，中国在很多方面仍处在世界的前列。那时康熙和俄罗斯的彼得大帝及法国的路易十四，处于差不多的年代，中国在很多方面并不逊色于世界的其他地方。尽管如此，也需要看到那时候我们已经暴露出一个重要弱点，就是中国社会内部缺少能够使得社会迅速发展的一种内在机制。所以到19世纪，中国就落后了，而到1840年，英国发动鸦片战争，强迫中国签订《南京条约》，中国就开始逐渐变成一个半殖民地半封建社会。

　　为什么鸦片战争被称为中国半殖民地半封建社会的开始呢？这可以从两方面来考察。我们称它为半殖民地国家，那么它还是一个半独立国家，假如它完全丧失了独立，那就是殖民地而不是半殖民地了；所谓半封建国家，其另外一面又是一个半资本主义的国家，没有这一面，也就谈不上半封建社会。半殖民地半封建社会的形成有一个过程。鸦片战争给中国带来的一个标志性后果，就是中国开始丧失完全独立的地位，走上了半殖民地的道路。中国近代史划分从这里开始，是有道理的，中国社会面对的主要问题逐渐成为反对外国侵略者和本国的封建势力。

　　尽管中国社会已发生那样一个变化，但是当时的中国人并不是立刻就能够清醒地看到这一点。甚至在长达半个多世纪里，中国人还是没有充分认识到自己已经处于那么一个灾难深重的危险的境地。鸦片战争签订了那样屈辱的《南京条约》，中国人怎么还没有能够很好地觉醒呢？当时中国能够睁开眼睛看世界的先进知识分子魏源，写了一部《海国图志》，介绍世界各国的情况。序言中讲到这次战争的失败给中国人带来很大的耻辱，但他并不认为中国从此又进入一个不同的历史阶段。他以清朝康熙、雍正、乾隆盛世时平定新疆准噶尔叛乱为例，认为只要我们了解世界，采取"师夷长技以制夷"等办法，大清帝国就不难恢复到过去那样"一怒而四海秋，一喜而四海春"的局面。魏源是当时最先进的知识分子，其认识也只是到这个地步。

　　此后又发生了第二次鸦片战争。咸丰皇帝逃到承德避难，英法联军火烧圆明园，逼迫中国签订了《天津条约》《北京条约》，这更是一次奇耻大辱。但那时许多人仍没有觉得中国已经处于危亡的边缘。相反，因为在英法联军之役结束以后，他们反过来支持清朝政府平定了太平天国起义。当时的知识分子绝大部分可以说是地主阶级士大夫，他们感到这已得到了足够的甚至超过他们预期的补偿。他们认为这次英法联军不但没有侵占中国的土地，相反还帮助朝廷解决了国内的问题。加之那时曾国藩、李鸿章推行洋务运动，搞了一些工业，训练了一些新军，这些在当时确实也起过一些积极作用，在人们心里造成一种虚幻的安全感，感觉到中国有办法了。那时没有人说中国已经衰败，反而都说这是中兴。现在海外有些人写的中国历史仍把这时称为所谓"同治中兴"。后来又发生中法战争，中国又失败了。但很多人认为，这次战争中国人打得并不差，镇南关大捷后，中国军队一直打到谅山，由于李鸿章卖国，才最后签订了屈辱的条约。甚至到1894年甲午中日战争前夜，许多人还盲目地自以为是在"盛世"。郑观应曾写了一本《盛世危言》，影响非常大。毛泽东青少年时期就读过这本书。可以说郑观应是当时思想最先进的知识分子之一。他提倡改革，认为应该要说几句危言耸听的话让大家惊醒。但是他还不敢说当时中国已经到了一个衰世，只能表示在盛世发几句危言。可见，一直到甲午战争前夜，人们对这样严重的民族危机仍然认识不足。这也不足为怪，因为中国几千年的文明可以说是建立在自给自足的农业经济基础之上的，是一种农业文明。农业经济总是春夏秋冬周而复始，这样一个环境对人们思维方式的影响根深蒂固，再加上中国多少年来创造了灿烂的古代文明，建立了统一的国家，更造成人们一种所谓"天朝大国"的心理，觉得一切都不会有大的变化。恩格斯说过，传统是一种巨大的惰力。这种状况不经过非常强烈的刺激，是很难改变的。结果，周围客观的状况已经发生巨大变化，人们对这些却没有足够的认识。

甲午战争就不一样了。甲午战争中国被日本打得惨败，签订了《马关条约》，中国割让台湾给日本，最初还把辽东半岛也割给日本，赔款 2 亿两白银。以后因为要收回辽东半岛，又加了 3000 万两白银。还允许外国人在中国开设工厂。这对中国的影响很大。曾经经历这次事变的吴玉章在回忆录里说：我那时候在四川很偏僻的荣县，甲午战争失败的消息传来，我和二哥都痛哭不止。《马关条约》是空前未有的亡国条约，全中国都为之震动！以前我们只是败给西方的大国，而现在是败给一个东方的小国，而且又败得那么惨，签订的条约又那么苛，这是多么大的耻辱啊！严复写给朋友的信中说，"大抵东方变局不出数年之中"，自己曾经"中夜起而大哭"，"嗟乎！谁其知之！"，意思是说有谁知道这种痛苦的心情呢。甲午战争真是把中国人从睡梦中惊醒了。

人们熟悉的许多口号都是那时提出来的，如"振兴中华"，是1894 年孙中山在檀香山兴中会成立时提出来的；再如"救亡"，是严复在 1895 年的一篇文章《救亡决论》里提出来的。他们喊出来这两个口号，可以说影响了几代的中国人。中国近代历史的主旋律是拯救祖国。那时有一份《中外日报》指出：我们在以前（指洋务运动时期）还讲什么自强、求富，现在别再讲那些门面话了，倒不如直截了当地讲救亡。

1900 年爆发了义和团运动，随即发生了八国联军进攻中国的战争，强迫中国签订了《辛丑条约》。在世界历史上还从来没有过所有帝国主义强国英国、美国、法国、德国、日本、沙俄等联合起来向一个半殖民地国家发动武装进攻的历史先例。列强们在中国的首都占领了整整一年之久。新中国的第一任教育部长马叙伦，在解放前出版的回忆录里面说到，他那时在杭州读书，当听到首都陷落、皇上和皇太后逃难到西安的时候，觉得好像天都塌下来一样，立刻放声大哭。邓小平在 1990 年曾说：我是一个中国人，我懂得外国侵略中国的历史。当西方七国首脑会议决定制裁中国的时候，我就立刻联想到 1900 年八国联军对中国的武装进攻。这七国除了加拿大以外，再加上俄国和奥地利，就是这个八国联军。他说：我们要懂得一点历史，这是中国发展的一个精神动力。可见八国联军侵华对中国人刺激之深。

中国曾经有过那样灿烂的过去，到这个时候，却沦落到将被瓜分的悲惨境地。两者之间形成极为强烈的反差，所以孙中山提出"振兴中华"，严复喊出"救亡"的口号以后，会产生那么大的影响，因为他们喊出了所有中国人的共同心声。

进入 20 世纪，特别是第一次世界大战以后，日本越来越成为中国的最大威胁。从强迫中国接受"二十一条"到发动"九一八事变"占领中国东北，再到以后制造华北五省自治运动，一直到卢沟桥事变，不断加紧侵略中国。在近代，整个中华民族的共同命运把这个多民族的国家更加紧密地凝聚为一体，因为日本侵占东北以后，各民族同胞都沦为亡国奴。正如那时很流行的歌曲《流亡三部曲》中所唱的"分什么你的我的，敌人打来，炮毁枪伤，到头来都是一样"。这就是共同的命运。只要国家民族没有前途，就没有什么个人前途可言。所以到1935年的时候，田汉作词、聂耳作曲的《义勇军进行曲》唱出了"中华民族到了最危险的时候"。这首歌在全国各地到处传唱，大家痛感中华民族到了最危险的时候。这确实是中国前进的一种精神动力。所以1949年新中国成立，讨论国歌的时候，马叙伦第一个提出是不是在正式国歌制定前，把《义勇军进行曲》作为代国歌。当时大家都表示赞成。也有人提出，歌词是不是需要改一下，因为情况变化了，今天不能说中华民族到了最危险的时候。周恩来总理说：还是不改为好，只有唱起"中华民族到了最危险的时候"，才能够把我们的这种感情唱出来。这首歌真正代表了中国人的心声，一直到今天。

历经八年的全民族抗日战争胜利后，中华民族第一次战胜了外国侵略者。战后，国民党要打内战，美国又要来控制中国。又经过三年的解放战争，终于成立了新中国。新中国成立的前夜，毛泽东在中国人民政治协商会议开幕词中说了令人难忘的一句话："占人类总数四分之一的中国人从此站立起来了！"经历过那个时代的人听到这句话，几乎都禁不住热泪盈眶！这个胜利得来确实不容易。中国人受了100多年的屈辱欺压，甚至几乎要灭亡，现在终于站起来，这确实是一个历史性的大变动。

"实现中华民族伟大复兴"这个目标，并不是说到新中国成立就完成了。党的十六大报告里有一个在标题中没有列出来，但贯穿始终的突出主题，就是"实现中华民族的伟大复兴"。在它的导言里，先提出历史和时代给中国共产党的庄严历史使命是什么？就是要在中国特色社会主义道路上来实现中华民族的伟大复兴。这个报告的结尾，谈到十一届三中全会以来，我们党找到了建设中国特色社会主义的正确道路，赋予民族复兴新的强大生机，中华民族的伟大复兴展现出灿烂的前景。结尾部分又讲到全面建设小康社会，开创中国特色社会主义事业新局面，就是要在中国共产党的坚强领导下，发展社会主义市场经济、社会主义民主政治和社会主义先进文化，推进中华民族的伟大复兴。报告的最后结语部分一共四个小段，其中有五处提到"实现中华民族的伟大复兴"。报告从导言"中国共产党的庄严使命"到结语"展望我们的未来"始终贯穿着这么一个重要主题。展望未来的目标是：我们在 20 年内全面建设小康社会，50 年内基本实现社会主义现代化，达到世界中等发达国家的水平，再往后，就是要在建设中国特色社会主义道路上实现中华民族的伟大复兴。这个主题，正是我们中国 100 多年来以及今后多少年为之奋斗的目标。

二、中国近代的革命和改革

怎样才能把祖国从危难之中拯救出来？怎样才能实现中华民族的伟大复兴？怎样才能使得经济文化落后的中国变成一个现代化的国家？

这就涉及一个革命和改革的问题。现在有一种说法：我们不是要搞现代化吗，但是在中国近代历史上突出的是革命，就是近代民族民主革命，这是不是走入误区了呢？实际上就是说，我们过去那么多先烈抛头颅、洒热血，那么大的牺牲，是不是多余的？是不是不需要经过革命，只要像洋务运动和清末新政那样，中国就能够实现现代化？当然不能得出这样的结论。从道理上说，恐怕整个人类社会一直处在一个不停顿的变革中，新的事物不断代替旧的事物，这是谁都阻挡不住的，这是历史发展的必然趋势。但这种变革存在着两种形式：一种是在原有的社会制度下进行渐进的改革；另一种是在短时间内改变原有的社会制度，然后在这个基础上来推进各项改革。前者一般称为改革，有时也称改良，后者则是革命。当然从广义上讲，邓小平说改革也是一种革命，那是从新事物代替旧事物这个意义上而言的。

这两种方式中哪一种方式好？应该着重采用哪一种方式？这不是简单地搬用某一个原理就可以解决的。一切都要根据当时当地的具体历史条件来决定。一般地说，渐进的改革是人类社会前进的经常方式，而革命是它的补充方式。当然，在改革过程中，有时候也改变了原有社会秩序的某一个部分而推动历史前进。而在一种新的社会制度建立起来以后，通常都需要经过一个漫长的相对稳定的渐进的发展过程。如果客观条件不成熟，是不会立刻发生从根本上改变原有社会制度的革命。只有随着社会经济的矛盾积累到一定程度时，当原有的社会制度已经不能适应新的情况，甚至成为社会生产力发展的严重障碍时，革命才会发生。而当革命成功地建立起新的社会制度以后，又会开始比较温和的渐进式的改革。

在近代中国，当国家的命运还没有掌握在人民手里的时候，当处于国难极端深重而统治者拒绝一切根本的社会变革的情况下，进行大规模现代化建设只能是一句空话。如果事情真能用和平的办法解决，如果这条路还有一点希望能够走得通，怎么会有那么多人不惜抛头颅、洒热血，做出巨大的自我牺牲奋起革命？中国人只是在国家民族的生死存亡悬于一发的不得已的情况下，才会万众一心地起来拼命。千百万人奋不顾身地投身革命，决不是任何人想这样做就能这样做的，而是由深刻的社会原因造成的。中国近代的革命就是中华民族到了最危险的时候，已经处于被灭亡的边缘的情况下，大家要求政府能够领导人民抵抗外来侵略、在内部进行根本改革，为之付出一次又一次的努力，而这些最后都落空了，只有这种情况，才迫使人们下定决心拿起武器进行革命。

孙中山在 1894 年成立兴中会的前夜，还赶到天津去见李鸿章，提出一个温和的改革的主张，但是李鸿章连见都不见他。所以孙中山曾说道，本来认为李鸿章也许是一个比较识时务的大吏，如果能接受自己的意见，那当然比流血牺牲要好，但这无法实现，他所抱的希望完全破灭，最后才走上革命的道路。因此孙中山说过这样一句话，革命是万不得已的事情，而且不能一直革下去。

再如毛泽东，五四时期他曾编过《湘江评论》。当时他主张"呼声革命"，也就是无血革命，认为否则就会以暴易暴。他反对"炸弹革命"，反对"流血革命"。他提出的民众大联合，是联合起来向政府发出共同的呼声，要它进行改革，所以民众大联合等主张还是很温和的。为什么他最后选择了革命？在给蔡和森的一封信里面他这样解释："我看俄国式的革命，是无可如何的山穷水尽诸路皆不通了的一个变计，并不是有更好的方法弃而不用，单要采这个恐怖的方法。"他说那是山穷水尽而别的路都走不通才采取的办法。如果离开当时的具体情况来评论这些问题，只能是毫无意义的空话。

有人提出，大革命时期国共合作，为什么以后要搞十年内战呢？这样提出问题的人忘掉了一个根本的事实：国共合作是怎么会破裂的。当时国民党下狠心大屠杀，据中共六大的报告说杀了 31 万人。毛泽东在 1964 年的六七月间两次接见外宾的时候说，大革命初期，我们也没有准备打仗，我是一个知识分子，没有学过军事，怎么知道打仗呢？就是由于国民党搞白色恐怖，把工会、农会都打掉了，把 5 万共产党员杀了一大批，抓了一大批，我们才拿起枪来上山打游击。毛泽东又说，他要打，我就打，这个方法就是从反动派那里学来的。蒋介石打我，我就打他。他可以打我，难道我就不能打他吗？不熟悉不了解那一段历史的人可能会说，那时合作下去多好啊，为什么要走上一条武装斗争的道路呢？要造成长期内战呢？这样做不是消耗了我们的国力，妨碍了我们的现代化吗？事实是敌人已经举起屠刀杀了 30 多万人，中国共产党人的鲜血已经流得太多了！在这种情况下，是束手待毙呢？还是拿起武器来进行反抗？这个道理是很明显的。

抗战胜利后共产党也是尽了很大努力希望能够得到和平的。《周恩来选集》里谈到战后国共谈判有三个阶段，前两个阶段我们是真心实意希望能够和平解决的，并做了非常大的让步，南方很多根据地都放弃了。严格地讲，政协决议提出的行政院对立法院负责这一套，并不是共产党的新民主主义主张，某种程度上还是接近旧民主主义的，有点像西方式的政府向国会负责，但要是真能实现的话，它比原来蒋介石的独裁政治来说，还是前进了一步。另外我们要求保证实现地方上的地方自治等各种措施，是真心实意想做到的。但蒋介石认为可以在 3 个月到 6 个月内消灭共产党，用大军压境对共产党进行追剿，共产党能不反抗吗？能等敌人把自己杀光吗？所以 1949 年中央特地出了一本小册子，也在报上刊登过，题目叫《战争的责任属于谁？》，就是为了说清这个问题：这场战争怎么会发生？它的责任在谁？

革命确实是在一种不得已的情况下采取的手段。革命当然要付出巨大的代价。但是我们也要看到，革命在短时间内对阻碍社会前进的旧事物所起的扫荡作用是平时多少年也无法比拟的，而且要彻底得多，从而为以后的社会经济的迅速发展开辟了广阔的道路。

考察世界历史，也可以看到这一点。美国独立战争、法国大革命，都是流血的革命。正因为通过这样的流血革命，以及在革命的过程中对旧的社会制度进行了比较彻底的扫荡，才会有西方资本主义的大发展。美国的南北战争死人无数，通过战争把南方保留的奴隶制扫除，使得美国形成统一的国内市场，并且把当时先进的生产方式推广到全国，对美国的前进起了巨大作用。再从世界近代史来看，德国、意大利、日本在走上资本主义道路时也经过一些战争，但整体来说，它们在历史转折关头没有像美国、法国那样对旧的社会制度进行那样一场比较彻底的扫荡，旧事物残留得多，对以后产生的负面影响就大。为什么恰恰是德国、日本、意大利后来会发展成为军国主义国家和法西斯，都与这有关。所以革命在一个短时间内会造成损失，甚至要付出不小的代价，但从长远的历史进程来看，在历史的转折关头，通常只有革命才能扫荡旧的秩序，建立起一个新的秩序。

当然，革命不是只凭任何人的主观愿望和意志，你要搞革命，千百万人就会跟着你不惜抛头颅、洒热血一起起来拼命。不会有这样的事情。它是客观历史发展的结果，如果条件不成熟，是不会发生革命的。而当革命取得胜利，对旧的社会制度进行毁灭性的扫荡，把新的社会制度建立起来以后，情况就不同了，又得经过一个漫长的在一个相对稳定的环境里面进行一步一步的改革。

　　在新中国已经成立并且展开大规模建设以后，再搬用以往革命时期的那些想法和做法，是完全错误的。这种错误的出现，也可以理解，因为革命的时候，人们总是非常强烈地追求一种完美的理想社会的实现。这种渴望，有时达到一种狂热的程度。当革命胜利以后，人们往往容易在思想上形成一种惯性。因为前面的胜利就是那么大刀阔斧干出来的，以为我们用同样的方法，也能够很快地在建设中取得同样的成果。但是忽略了或者根本没有认识到这样的想法并不符合已经改变了的客观实际，在新的客观实际的条件下就不能再采用过去那样的方法。这是一个很重要的教训。毛泽东曾经写过一篇文章，说我们在春夏之间、秋冬之间，需要换衣服，但人们常常在这个时候没有意识到这个常识，没有换衣服，就容易得病。这个比喻很恰当。从革命时期转到建设时期，就像春夏之间、秋冬之间，周围的客观情况已经变化了，人们的主观意识、一切做法都要同它适应。如果还采用原来的办法，就会造成很严重的后果。所以我们不能把过去的办法用到今天。但是也不能把今天的想法和做法搬到过去，认为过去的革命是不需要的，甚至还认为它是对建设主要起了破坏作用，好像不发生革命，中国的现代化建设倒还会更早地到来，这同样也不是实事求是的，也是不符合当时的客观实际的。

　　正如党的十六大报告所指出，中华民族在近代面临着两大历史任务，一个是求得民族独立和人民解放，一个是实现国家繁荣富强和人民共同富裕，前者是为后者扫清障碍，创造必要的前提。路要一步一步走，每个阶段有不同的历史任务，不能把过去的事情拿到今天来做，同样也不能把今天的事情、今天的做法，套到过去，认为过去也能够那样来做。

三、中国共产党的历史责任

在近代中国，谁能够领导人民，将祖国从危难中拯救出来，结束黑暗的旧的社会制度，使中国走上现代化的道路，谁就能够得到人民的信任和拥戴。

我听新四军第五师副政委任质斌说过，抗日战争时期他们到敌后，老百姓对日本侵略者充满仇恨，枪支又遍地都是，只要你能够登高一呼，只要你能够领导人民抗日，大家一下子就能够起来，跟着你走。这说明，谁能够代表人民的愿望和要求，人民就拥护谁，就跟着谁走，否则就会被人民所抛弃。在这种情况下，有没有一个核心力量是十分重要的。当近代中国处在严重的民族危机时，在中国社会内部蕴藏着潜在的巨大的革命力量。但要是没有正确的引路人，那么尽管客观条件也许很成熟，没有正确的主观指导，或者说抓不住机遇，丧失机遇，也会失败，胜利的可能性不能转化为现实性。所以邓小平不止一次地讲到毛泽东的功绩：要是没有他，我们中国人民也许还要很长时间在黑暗中摸索和奋斗。要找到一条正确的道路很不容易。能够正确地引导我们中华民族胜利前进，符合人民解放要求的这种政治力量，在近代中国是有的，那就是中国共产党。

在中国共产党成立前，为了替国家寻找出路，中国人进行过多种多样的尝试，都失败了。

前面已经介绍，洋务运动证明，只搬用一点西方的某些工业技术和洋枪洋炮，不从根本上触及和改变占主导地位的封建社会制度和政治制度，这样做不能解决中国的问题。戊戌变法是想依靠皇帝的力量，不摧毁旧的社会制度自上而下地推行改革，也没有能够成功。义和团运动是下层群众自发起来的，当然各地也有一些小地主参加。义和团运动可以说是在不成熟的社会条件下产生的一个不成熟的运动。它是中国人民的正义反抗行动，但是它在这种不成熟的社会条件下又有许多落后以至愚昧的东西，没有也不可能解决问题。这以后，又爆发了辛亥革命。辛亥革命结束了中国几千年的君主专制统治，使得人们的思想得到很大的解放，是一件了不起的大事。辛亥革命有很多功绩。说民国是块招牌，这不错，但有这块招牌跟没有这块招牌大不一样。孙中山领导制定的《临时约法》规定："中华民国之主权属于国民全体。"这是观念上一个很大的变化。所以辛亥革命后只有七年多，就发生了五四运动。从这种意义上也可以说，没有辛亥革命就没有五四运动。党的十五大报告中把辛亥革命称为 20 世纪中国历史上的第一次历史性巨变，这个评价是公允的。但是报告里面也说明，它毕竟并没有改变中国半殖民地半封建社会的性质，也没有改变人民的悲惨境遇，它使我们在 20 世纪的前进中跨出了一大步，但没有能完成历史交给它的任务。

实践证明，要想在中国摧毁旧势力，建立新社会，实现国家的独立、富强和现代化，需要具备这样几个条件：

第一个条件，要有一个能够正确把握航向的革命政党作为引路人。这就需要正确理论的指导，要能够正确地分析国情，能提出正确的路线和政策。辛亥革命时的中心口号是"反满"，就是反对清朝政府。"反满"这个口号并不很科学，但有人对它完全否定也不对。事实上，在当时的中国，要抵抗外来侵略也好，要实现国内的根本社会改革也好，首先必须推翻当时统治中国的、由满族贵族控制的清朝封建专制政府，这是当时中国历史前进必须抓住的中心环节。孙中山也多次解释，这个"反满"，并不是碰到满族人都要反对，反对的仅仅是压迫人民的少数满族统治者。

中国是一个统一的多民族的国家，与世界其他国家相比，确实有它独特的地方。在世界历史上曾经有过很多大的帝国，譬如亚历山大统治时期的马其顿帝国、罗马帝国、奥斯曼帝国，甚至还有曾称为大不列颠"日不落"的帝国。但是，这些大帝国最后都崩溃或衰落了。而中国 56 个民族能够成为一个国家，而且历久不散，共同组成中华民族的大家庭。其重要原因就是，这一个多民族国家的形成不是靠短期的武力征服达到的，它是在几千年长时期的经济、文化交流中间互相融合，你中有我，我中有你，逐渐成为一个整体。这一点非常重要。上述那些靠短期武力征服而形成的大帝国，不久就分开了。中国就不同。辛亥革命时期把"反满"的口号叫得那么响，但是在辛亥革命起来以后，在中国并没有出现汉族对满族来个种族大清洗。要是像现在世界上一些民族冲突很激烈的地方那样，几亿汉族人对几百万满族人来个种族清洗很容易发生，但在中国并没有发生，民国一成立就提出"五族共和"。56 个民族形成统一的多民族国家，这不是一件偶然的事情。

辛亥革命提出"反满"的口号，抓住了当时的中心环节，但它没有提出反对帝国主义的口号，没有提出反对封建势力的口号。这实际上没有把革命的矛头对准这两个主要的敌人，好像只要把清朝政府推倒了，革命就成功了。反帝反封建的革命口号是到共产党成立后才提出来的。

第二个条件，要团结一切可以团结的力量，特别是要发动并且依靠占人口绝大多数的工人和农民。这也是辛亥革命所缺少的。当时革命派主要是学生，然后联络一些新军，大部分省的独立主要是依靠新军发动的。学生在里面做了很多工作，否则军队行动不起来，有些地方还依靠来自下层社会的会党。会党带有一些黑社会的性质，有很大破坏性，但在共产党成立以前，也有它积极的方面。这些人作为一股巨大的冲击力量，能够一下子把当地的政府推倒，但是再前进一步，就显得力量太单薄了，而且会暴露它的消极方面的东西。依靠这点力量，怎么来领导和管理整个社会？从全国范围来说，帝国主义和封建势力盘根错节，力量强大，要是没有把占人口中最大多数的工人农民发动起来，很快就会觉得自己的力量非常单薄，甚至孤立无援，这就容易走向同旧社会势力妥协。

第三个条件，要有一个由一大批有共同理想和严格纪律的先进分子所组成的政党。辛亥革命中领导革命的是中国同盟会，它虽然制定了纲领，即孙中山的三民主义。但三民主义中被多数人接受的只有民族主义，特别是"反满"。其次才是民权主义。至于民生主义接受的就更少了。这个党在组织上十分松弛，没有严格的纪律。所以辛亥革命一开始，章太炎就讲了一句话："革命军兴，革命党消。"就是革命军一起来，革命党就不存在了。这样的党就不能再起号召与核心作用。

这三点归结起来，可以得出这样一个结论：要解决中国的问题，需要有一个能够指出正确方向的党，这个党能够发动和依靠最广大的人民，首先是工人农民，形成一种坚不可摧的力量，而且又有一批有共同理想和严格纪律的先进分子成为它的核心。而中国共产党就是这样的一个党。在说到党成立时毛泽东指出：连辛亥革命这样一个全国规模的革命运动都失败了，国家的状况一天天坏下去，环境迫使人无法活下去，怀疑就产生了，增长了，发展了。正是在这种情况下，大家要找一条新的路。正好十月革命一声炮响，给我们送来了马克思主义。辛亥革命以后只有十年，中国共产党就成立了。

中国共产党从成立伊始就有两个特点：一是有正确的理论作为指导，这就是马克思主义。中国共产党从成立开始，长远目标就是要在中国建设社会主义、共产主义的社会。党的二大又提出我们现在主要反对的是帝国主义和国内的封建军阀，即反帝反封建的目标。所以，它一开始就有正确理论的指导，而且逐步用这个理论来指导研究中国的国情，提出一个正确的纲领。二是集结起一批有献身精神的先进分子，深入到工人农民之间去做群众工作。第一个翻译《共产党宣言》的陈望道，是共产党的最初发起组的成员。他在谈到党最初开始活动的情况时说，那时他和茅盾一起，等工厂一放工，就站在厂门口向工人们演讲，结果没有人听。后来，他们才慢慢找到办法，先办工人夜校，教工人们文化，然后逐渐进行政治教育和组织工作。

中国共产党成立以后最早做的工作有两项：一项是宣传马克思主义，努力用马克思主义分析中国的实际情况，办了几个杂志，包括后期的《新青年》《共产党》《向导》这些杂志。另外一项就是从事工人运动，当时成立了中国劳动组合书记部。在工人农民之间，党是从工人工作入手的。党的老一辈的领导人，毛泽东、周恩来、刘少奇等最初不是先搞农民运动，而是首先在城市里接受了先进的思想，到工人中间去做工作，以后再到农村。所以党领导的中国革命的主力军虽然是农民，但并不是旧式的农民战争，是用马克思主义武装、代表工人阶级利益的力量来领导。总之，党成立初期具备这么两个特点，一个是有正确的理论为指导，一个是直接到劳苦大众中间去做工作。这样的党是中国历史上从来不曾有过的。这个党一经产生，中国的面貌就发生了根本的变化。

当然，在中国这样一个人口众多、经济文化落后的东方农业大国，要把马克思主义的普遍原理同中国的具体实际结合起来是极不容易的，并没有什么现成的答案。新的问题一个又一个提出来，只能在实践中摸索前进。想要了解中国近代历史，"探索"是一个关键词。离开"探索"这两个字，很多问题都无法理解。中国是一个在东方有着几亿人口的以农业为主体的古老大国。在这样一个大国里，怎么进行革命，怎么进行建设，马克思主义的书本上没有现成的答案，西方的办法、苏联的办法都不能照搬来用，完全要靠我们自己去闯。中国的民族危机极端深重，中华民族正处在生死存亡的关头，周围的变化非常快，许多问题都要立刻做出决定，不允许人们都从从容容慢慢地调查清楚以后再来解决。无论在革命时期，还是在建设时期，在这过程中间的很多挫折，恐怕都需要跟整个探索的过程联系起来才能理解。

在土地革命时期，党曾经犯过三次"左"倾错误，这对学过党史的人都是常识。但是也可以进一步提出一些问题：这三次"左"倾，为什么当一次"左"倾纠正以后，接下来又是一次"左"倾，而且一次比一次厉害，原因是什么？当然，这里有主要负责人的原因，有共产国际的原因，但当时党的领导干部甚至党员中大多数人是支持的，这又是为什么？这三次"左"倾，有什么相同的地方，又有什么不同的地方？这些都是需要探讨的。

我们可以考察这三次"左"倾是怎么一次次发展起来的。第一次"左"倾跟以后两次的不同点在于：它是中国共产党在大革命遭受惨重失败后发生的。当时国民党在全国进行了大屠杀，一共杀了31万人，其中共产党人有26000人。在那种情况下，党内就出现了第一次"左"倾错误——"左"倾盲动主义。它最明显的标志是在全国各地，不顾当地的主客观条件，都要求起来暴动，谁不暴动就是机会主义，而且认为党的任务就是最后在全国实现总暴动。众所周知，大革命失败后党的力量遭受严重摧残，大量工会、农会被解散，工人农民运动也消沉下去。国民党的统治，在北伐战争以后得到了一个暂时的稳定时期。从 1928 年国民党军队进入京津以后，一直到 1929 年 3 月蒋桂战争爆发，差不多 9 个月的时间，国内的内战停了下来。全国的交通恢复了（包括几条大铁路）。民族工商业得到恢复和发展。很多人对国民党抱有希望，因为它还打着孙中山的三民主义的旗号。在这样敌我力量悬殊的情况下，不顾条件搞全国的总暴动是不适宜的。但是我们也可以理解，出现这种现象有两个原因：一是在大革命失败后国民党的大屠杀下，不少同志牺牲了，人们有一种强烈的复仇心理。那个时候有一批人动摇甚至叛变，很多坚持下来革命的人，对那些背叛的行为充满了鄙视和憎恨，觉得在这种情况下谁不敢起来坚决行动就是可耻的动摇和背叛。当时有这么一种心理状态。二是大革命高潮刚过去不久，全国曾出现过轰轰烈烈的场面，北伐军胜利北进，各地工农运动风起云涌，很多人一直沉浸在这样的陶醉中，突然遇到这么严重的挫折很不适应，总觉得这个局面不会长久，只要坚持奋斗，一个新的局面很快又可以打开。第一次"左"倾盲动错误就是在这样的情况下发生的。

瞿秋白当时写了一篇文章，题目是《中国革命是什么样的革命》，他提出一个问题：革命是低落吗？并且他这样回答，革命潮流的低落与消沉在现实的中国必须有三个条件：一是反革命的统治能解决中国社会关系中的严重问题，如土地问题、劳资问题等；二是反革命的统治能够迅速地稳定；三是革命群众的意志溃散而消沉。现实的中国决没有这样的条件。所以他就得出结论，说中国革命是在高涨而不是低落，中国革命的高涨具有不间断的性质，各地农民暴动的继续爆发以及城市工人中斗争的日益激烈，显然有汇合成为总暴动的趋势。在我们今天看来，好像当时的盲动主义很可笑，敌我力量这么悬殊，怎么还这样硬拼呢？但读读瞿秋白那段话，他们当时并不只是简单地盲目地受到共产国际的影响，也经过他们自己的深思熟虑。他提出的这些问题都是事实。在国民党统治下，中国社会的根本矛盾一个也没有解决。离瞿秋白讲那些话只隔了三四个月，国民党集团内部的战争就爆发了，它的统治并不稳定。人民的革命意志也没有溃散。所以他得出结论：革命是在不断高涨。但问题要看到两面：一面是这些问题确实没有解决，因此中国的革命还会继续一步一步地发展；另一面是在当时的情况下，双方力量对比太悬殊了，所以当时的任务还不是什么总暴动，只能是争取群众，而且特别要到敌人统治力量薄弱的农村中去争取群众，一步一步走向全国革命的高潮。这次"左"倾错误，没有这样的认识，因为造成很多损失，持续半年就停止了。

第二次"左"倾错误与第一次相隔了两年，它与第一次"左"倾错误有一个很明显的不同。第一次"左"倾错误是在革命失败的情况下带有拼命性质的蛮干，第二次"左"倾是在革命逐步走向复兴，国民党统治集团内部又出现新的危机的情况下，对形势做出过分乐观的估计而采取的冒险主义行动。1928年党的六大召开，它所制定的基本路线是正确的：中国还是半殖民地半封建社会，中国革命还是资产阶级民主革命，现在正处在两个高潮中间的低潮的时候，党的总方针是争取群众。六大后的两年间，各方面的工作显然是有成效的：一方面在国民党统治区，原来几乎被打散的党组织，一个一个地重新恢复起来，并且要求大家下去做群众工作，深入到群众中间去；另一方面红军和革命根据地的力量有了很大的发展，1930年全国红军已经有了13个军，62700多人，约有3万支枪，建立起了大小15个革命根据地，开展土地革命，建立了自己的政权和武装。而国民党到1930年时却爆发了规模空前的中原大战。蒋介石与阎锡山、冯玉祥、李宗仁等交战双方出动的总兵力有160万人，在平汉、津浦、陇海这三条铁路线上，打了四个月，顾不上用很大力量对付共产党。

但当时共产国际把苏联的利益和做法强加给各国共产党。苏联正反对布哈林的"右倾"，就要求各国党都要反右倾。其间共产国际给中共发来四封指示信，说中国现在又到了一个总危机的时候，"左"倾盲动主义错误现在已经克服了。中共六大时并没有讲明现在所处两个高潮之间的低潮有多长时间，多少时间又可以走向高潮，而共产党人心里一般都有很急切的愿望，希望能够快一点渡过这个低潮，很容易接受新的高潮又要到来的理论。李立三的冒险主义并不是号召立刻举行全国总暴动，他的计划大体上是先搞南京兵暴，然后上海总罢工，再以后是武汉的总同盟罢工和暴动，在湖北首先取得一省胜利，建立苏维埃政权。与第一次盲动主义时不同，在军事上李立三比较注意红军的力量，要求各路红军会合起来，一方面军、二方面军（当时是第二、六军团）、四方面军会攻武汉。指示一方面军先打南昌，以后进攻长沙。但是这一套计划实际上是行不通的。他准备要首先取得胜利的是武汉，但项英到武汉考察，共产党员只有150人，当地的赤色工会会员只有200多人，根本没有首先胜利的力量和条件。四中全会上顾顺章（后来成为大叛徒）有个发言，他说李立三曾跟他讲，某地要暴动，你给我派六个营级指挥员去那里指挥暴动，顾顺章回答我们一共只有三个，要我派六个怎么派？李立三就发火了，说这都什么时候了，你还讨价还价？当时在革命胜利发展的形势之下，革命力量刚刚有那么一点复兴，又被胜利冲昏头脑，对情况做出过分乐观的估计。当然，李立三路线后来受到批判还有一个原因，就是得罪了共产国际。

　　第三次"左"倾错误是紧跟着第二次"左"倾来的，就是那一批从共产国际派回来的王明、博古，包括张闻天、王稼祥等人（张王二人的思想后来有了很大的变化，博古以后也有变化）带来的。他们跟第二次"左"倾又有不同，打的旗号叫国际路线，声称要执行共产国际的路线。那时共产国际在中国党内有很高的威信，中国党在党章里规定是共产国际的一个支部，要听从它的命令。他们来后提出的国际路线，就是进攻路线。第三次"左"倾在城市工作中认为刘少奇是右倾机会主义，而把重点放在红军和农村根据地方面。当他们没有更多地插手红军和根据地前，各根据地自己做主的余地还大一些，所以很快发展起来了，而这些人进入根据地以后，就把权拿过来。临时中央到中央苏区即一方面军那里，派从莫斯科回来的夏曦到红二、六军团去，派张国焘到四方面军、鄂豫皖根据地去，各地一切要听中央大员的指挥，情况完全发生变化。革命根据地最大的损失就是在他们来了以后。第三次"左"倾错误的一个高峰是1934年1月的六届五中全会。它的政治决议案是这样写的：目前的形势，是中国的领土内存在的两个绝对相反的政权正在进行生死存亡的斗争，在粉碎五次"围剿"的决战面前，苏维埃道路与殖民地道路之间谁战胜谁的问题正式尖锐地提了出来，已经到了一个谁战胜谁的决战的时期。因此，王明"左"倾中央打着国际路线的旗号，制定贯彻一套更"左"的政策，在党内统治了四年之久，使整个根据地几乎全盘失败，逼着红军走上长征路。

中国共产党内的三次"左"倾错误一次一次地发展下来，也有内在的规律可以寻找。这三次"左"倾有不同的地方，也有相同的地方，归结起来是这样三点：

一是主观主义，主观脱离客观，不根据实际情况办事，只是从主观的愿望出发，或者是从马克思主义的书本出发，希望革命尽快走向高潮。博古在党的七大的发言中检讨自己说：我一碰到事情，不是先想到实际情况，怎样去分析这个问题，而是马上去想马克思恩格斯的经典著作中是怎么讲的，外国如苏联或者西班牙是怎么做的，而对中国革命的长期性、复杂性、艰苦性估计不足，总希望能够很快地取得胜利，结果造成更大的损失。

二是群众路线问题。因为这些问题尽管是新的问题，处在第一线工作的人在碰了钉子以后，往往就提出不同的意见，但是这些意见总是在很长时间内没有被听取和接纳。这就涉及群众路线、党内集体领导和党内民主的问题。第一次"左"倾的时候，项英、王若飞等人提出过现在革命形势不是高潮其实是低潮。第二次"左"倾即李立三路线的时候，何孟雄等人提出了不同的意见，红军领导人接到要他们进攻南昌的命令时没有执行，认为在这种情况下不可能那样硬打。第三次"左"倾，反对的人更多了，而"左"倾领导人批判"罗明路线"，认为是右倾保守思想，实行残酷斗争、无情打击，所以错误不能及时纠正。

三是这三次错误确实都跟共产国际有关，共产国际要负很大责任。中国革命要由远在万里之外的莫斯科指挥，怎么能不脱离实际？共产国际派到中国的代表也并不都是什么一流人才，更不了解中国情况。所以毛泽东在《反对本本主义》里说，中国革命的胜利要靠中国同志了解中国情况。这句话就是在这种情况下说的。由此可见，后来毛泽东找到"农村包围城市、武装夺取政权"这么一条独特的中国革命胜利的道路，得来多么不易！

以上阐述的三个问题，第一个是主观主义，就是不实事求是。第二个是没有党内民主，不走群众路线。第三个是共产国际瞎指挥，中国党不能独立自主地处理自己的问题。所以《关于建国以来党的若干历史问题的决议》指出，毛泽东思想的灵魂有三条，一个是实事求是，一个是群众路线，一个是独立自主。这几点确实是中国人付出了惨重的代价，在实践中间最后总结得出的最基本的经验教训。有了这些，中国革命才能取得胜利。

（本文是作者 2004 年 1 月在国家图书馆举办的部级领导
干部历史文化讲座上的讲演。载《中共党史研究》
2005 年第 3 期）

当代人应该写当代史

常常听到一种说法："当代人没法写当代史，只有留给后人去写。"这种说法相当流行，朋友之间也有出于好意而如此规劝的，以致本来有志于此的学者想一想也踌躇起来，或者望而却步，不敢轻于一试。如果要批评这种看法一点根据都没有，那也难说。它确实有几条理由：有些历史事件的意义和影响，时间相隔得久些，反倒看得更清楚些；有些重要史料，常常在以后的日子里陆续发现或公布，当时人未必都能看到；人们对历史也不断会有新的认识；而讲得更多的是，当代人写当代史总难免遇到一些忌讳，有的事一时还不便在历史论著中都公开地发表。这些都是事实。套用一句常用的词，对当代的历史研究者说来，这也是一种"时代局限性"吧。

但反过来又可以提出另一个问题：难道后代人就没有他们的"时代局限性"了？难道只有他们的论述才是真实可靠的？显然也无法得出这样的结论。后人没有在他准备论述的那些历史事件发生的时代里生活过，无法直接地观察客观事物如此众多的侧面和复杂的演变过程。他们进行研究的依据，主要是以往留下的一点文字资料（或者再加上一些实物资料），然后根据自己的理解去做出判断和论述。这里，自然不乏真知灼见，可是也难免存在弱点：

第一，历史上发生的一切，包括当时的时代气氛、社会心态、风俗习尚，以至不同人群中的复杂心理，他们对某一事物在认识和感情上的前后变化轨迹等等，未必都在文字资料中保存下来。有时候，越是普遍存在而被人们习以为常的事情，反而容易被视为不言自明而没有人把它专门记录下来，或者只是语焉不详地随便提到，并不引人注意。就是做了详细记录的文字资料，是否都同事实相符，是否有当时人有意的掩盖以至曲笔，同那时代相隔较远的后人要做出准确的判断也不是容易的事情。

第二，后人所生活的环境会有巨大变化，而人们通常习惯于用自己的经验去理解或判断自己从来没有经历过的环境和事实，以为事情应当就像他所想象的那样，这中间容易产生巨大的误差，正如一个从来没有到过国外的人要去详细地议论外国的事情，在熟悉情况的人听起来，有时就觉得隔靴搔痒或似是而非。即便当年留下一些文字记载，由于时代的隔膜，能否正确地理解它也还难说。

我想起法国哲学家柏格森举过的一个例子。他以法国巴黎的凯旋门为例，说如果给你一百张凯旋门的照片，包括远景、近景、从不同角度拍摄的，包括全景、局部和各种细部，你看了仍未必能懂得凯旋门，但如果让你到凯旋门面前去站上五分钟，你就会顿时懂得它了。柏格森哲学中过于强调直觉而贬低或排斥理性分析的偏颇，这里不打算去做分析，但这个例子可以给人以启发。过去留下的种种史料，有如使人看到一百张关于凯旋门的各式各样的照片，而历史研究者面对的问题要麻烦得多：凯旋门前还有可能去重新站上五分钟，后人对早已逝去的历史却无法再到那个环境中去重新过上五分钟，他的理解是否准确有时就难说了。后代对前人历史的议论，自由倒很自由，可以没有什么忌讳，不受多少束缚，但往往又带来另一个问题：容易有太多的主观随意性。这对后人来说，是否也是一种"时代局限性"呢？

做了这一番比较以后，能不能得出一个结论：当代人也好，后人也好，其实是各有各的"时代局限性"。

我再举一个例子。据说世界上的拿破仑传记，重要一点的有上千种，人们决不可能把它读遍，一般是挑两头来读：一种是最早的，一种是最新的。最早的大体上是同时代或时代相近的人写的，读起来觉得比较真实而亲切。最新的则能反映出近两百年后史学研究的最新成果。至于在这两头之间的大量传记，一般人就顾不上再去看它，除非其中真有格外杰出的名著。这说明，在历史撰述中当代人和后人各有各的责任，各有各的存在价值，相互不能替代。因为常有人非议当代人写当代史，我想再极而言之地说几句。在上述两种历史著作中，"最新的"是不断变动的，今天是最新的，过多少年便不再是最新的了，又有更新的作品去替代它。可是，"最早的"却是不变的，它所特有的那种价值始终存在，除非有久经湮没的更早而更有价值的著作被重新发现。

因此，历史研究工作者中有一部分人把他自己亲身经历过的时代、亲眼看到或直接听到过的历史（这也算是"所见世""所闻世"和一部分"所传闻世"吧）在经过严肃研究后写下来，实在是一种无可推托的历史责任，不必有那么多的顾虑。至于总结较近的历史经验所独有的重大现实意义，就不消再去多做解释了。历史终究是已经过去了的事，真正在一时还不便公开发表的内容其实也很有限，真正深入做了研究以后，就会发现并不像一般人所想象的那么多。当然，有如前面所说，当代人毕竟还是有他的那种"时代局限性"，这是客观事实。决不能以为只有自己的著作才是最好的，甚至以为这就是"千古定论"，决没有那回事。许多重要的历史课题，往往后人还会一遍又一遍地去重新研究它，写出新的著作来，并且在许多方面超过当代人所写的，但肯定也有许多方面不如当代人所写的。这大概也是客观事实。

最后还是回到前面说过的话：对史学工作者来说，当代人和后人各有各的地位，各有各的时代局限性，相互不能替代。这篇笔谈，目的是支持当代人写当代史，因为在目前这也许是更需要强调解释的，所以对这方面多说了几句，自然并没有想贬低由后人来研究今天历史的那种从一个极端走向另一个极端的意思。

（载《历史研究》1994 年第 1 期）

人物传记中的几个关系

写人物传记，主体是写人，是要写出一个活生生的、有血有肉的人一生中的经历和发展过程。通过这些，使读者了解他的生平业绩，看到他和其他人有所不同的特点和个性。不能写成"千人一面"。

对传记写作的基本要求，一是要脉络线索清楚，有层次，有内在的逻辑力量，讲清楚他为什么会这样一步一步发展，重要的情节不能遗漏；二是要突出重点，关键的地方要重笔写，有分析，有细节，有特写镜头，力求讲得透一些，不能平均使用力量。像一串糖葫芦那样，使读者既有整体感，觉得一目了然，又能对重要问题留下较深的印象。

为了达到这个要求，先得对传主的方方面面十分熟悉，经过反复消化理解，才能全局在胸，通盘布局，知道什么是重要的，什么是不重要的，什么得多用些笔墨来写，什么尽可能简略地谈到就可以了。

这里，有几个关系要处理好。

一、传主和背景的关系

人总是在一定的环境中生活和行动的。讲一个人，讲他一步一步的发展变化，都要把它放在比较宽广的特定背景下考察，包括当

时的时代气氛，人们面对的问题和问题棘手之处，对这些问题存在
什么不同看法，客观环境对传主的影响和制约，等等。这样，读起
来才有立体感，才能使人理解他当时为什么会这样想和这样做，为
什么能够这样想和这样做，它的高明或不足之处在哪里，传主的贡
献或作用是什么。

如果是一个重要历史人物的传记，生动而细腻地刻画出他周围
时代背景的变迁和遇到的种种问题，还往往有助于读者对那段历史
有更深入和亲切的理解。这是一般历史书籍所不能替代的。法国名
作家巴比塞写过一本书《从一个人看新世界》，产生过很大影响，
就是一个例子。

当然，写的是人物传记而不是一般历史书籍，对背景就必须紧
紧地扣住传主来写。它的主要目的是为了说明他是在怎样的环境下
活动的，他为什么会这样想和这样做，并且对传主的刻画可以起烘
云托月的作用，中国人过去把它叫作"情景交融"。这就要在背景
和传主关系的研究上花很大的力气。不能简单地把别的书上对历史
背景的现成叙述抄过来，这些叙述放在别人的传记中都可以，照搬
那就成了无的放矢。但不管你在这方面花了多少力气，写的时候也
不能过分展开，占去太多的篇幅，造成喧宾夺主，使读者看了半天
还没有进入主题。

二、思想和行动的关系

人的行动都是由思想指导的。写人物传记要花很大的力量去弄
清他是怎么想的。当他做出重要决断或发生重要变化时，更要努力
弄清他是怎么思考的。一个人的思想通常有个发展过程，有时内心

还存在困惑或充满矛盾。不弄清这些，他为什么会这样行动就会变得难以理解，写出来的传记也会缺乏深度。

思想又不能和行动分开。特别是重要的政治人物，和书斋中的学者不同，不能只写他在那里思考和发议论，满篇是他认为怎样，主张怎样。还要写他是怎么做的，怎样在行动中实现他的主张，在做的中间又遇到哪些原来没有料想到的新问题，他是怎样认识和处理的。事实上，一个人的思想通常不可能一次完成，往往是在行动中不断丰富或变化的。

三、正确和失误的关系

写人物传记，常会对传主产生感情，甚至是深厚的感情，容易产生"为尊者讳""为亲者讳"的毛病。

正确的，自然要充分地写。事实上，一个人永远正确，从来没有失误的情况，几乎是不可能的。尤其在遇到新情况和新问题的探索过程中，失误更难完全避免。一个人的成长，既要从成功的经验中，也要从失败的教训中汲取智慧。用科学的态度来写作，对这些就不必回避。问题只是力求找出导致失误的主客观因素，从当时的历史条件或个人的某些弱点合情合理地加以说明，使人理解。这样的传记，才使人觉得真实可信，才能经得起历史的检验。

四、个人和集体的关系

既然是写个人传记，当然主要是写传主这个人。马克思主义从来承认个人在历史上的作用。传记自然也要写出传主个人的历史上或社会生活中的作用。

但人是社会的动物，重要历史人物总是在某一个集体中活动的，并且从集体中汲取智慧，从来没有只靠一个人单打独斗的好汉。所以，也要写他各个时期上下左右的周围那些人，他们有什么特点，对他和他所从事的事业有哪些影响。这才是活生生的历史。至于篇幅，自然只能适可而止。

五、性格和事件的关系

要把一个人写活，不是"千人一面"，就得写出他的性格，和别人有所不同的个性，而且要通过生动的有感染力的细节把它刻画出来。

对重要的历史人物，要选择哪些生动的细节来刻画他的性格特点？首先要选择他在一些重大历史关头的表现，如沉着、冷静、机智、果断、勤奋、豁达、顾全大局、以诚待人、献身精神等等。重要历史人物之所以能成为那样的人物，首先是靠他在重大历史关头表现出这些常人难以企及的品质。这样，这个人物在读者心目中才能如实地立起来。不能只讲一些身边琐事的小故事，那就把他写低了。

当然在大的方面写出来以后，也需要尽可能写一些他与亲人、朋友、周围人员等接触的小事中流露出来的性格，使人物的刻画显得更为丰满，使人感到同他更亲近。

六、叙述和议论的关系

人物传记，主要是叙事体。你所要发的议论，最好是寓议论于叙述之中，使读者读了你叙述的事实以后，自己便能自然得出结论；而不是看完你叙述的事实后还不明白，需要你再发一大段议论后才能明白。议论的文字不是不要，可以用夹叙夹议的方式，在关键处或者需要特别引起读者注意处，画龙点睛地说几句，起到"提神"的作用。如果要发大段的议论，在写"评传"这类书时是可以的，在一般的人物传记中并不适宜。

写人物传记时常常会遇到一些比较棘手的难题。研究工作者的任务，本来是要为这些难题找出答案。但常常有这种情况：对某些问题，写作者自己也没有把握做出判断，而叙述传主的一生时这些事又不能不讲到。在这种情况下，也可以述而不论，把事实交代清楚，让读者从这些事实中做出各自的判断。不要以为自己对什么事情都能做出正确的结论。

写人物传记中遇到的关系问题绝不止这六个。但这六个关系常常会遇到，需要很用心地去处理。

（本文是作者 2001 年年初在中央文献研究室一次讲话提
纲。载《党的文献》2008 年第 3 期）

对毛泽东传记写作方法的几点认识

会议组织者确定，这次讨论会的主题是：探索毛泽东传记的多维撰写方法。

我很赞成毛泽东传记的撰写方法应该是多维的。这至少有几条理由：第一，毛泽东的一生和他所处的时代十分复杂，谁都很难把有关的方方面面都看到，都弄清楚，更不用说都写进一部书了；第二，对不同的写作者来说，由于各人掌握的资料有多有少，关注的问题、观察的角度和考虑的读者对象也有不同，这样，撰写方法自然会有不同；第三，有关毛泽东的历史已是几十年甚至上百年前的事情，有些事实还没有弄清楚，有些问题存在不同的看法，自然不可能只有一种撰写方法，而会有多维的撰写方法。

毛泽东传记的多维撰写方法，不仅在不同国家的学者之间存在，就是在中国学者中间也同样存在，尽管不一定都用《毛泽东传》这个书名，可能用各种不同的书名。

我的发言，想讲两个问题：一是中共中央文献研究室编写、由逄先知和我主编的那部《毛泽东传》；二是对不同国家学者多维写作之间相互交流和共同探讨的看法。

先谈我们编写的那部《毛泽东传》。

这部传记以1949年中华人民共和国成立为界分为两部分，前一部分在1996年出版，后一部分在2003年出版，二者共发行了

57万套。

前面说了，毛泽东传可以有不同的写法，可以有不同的着重点。中央文献研究室编写的这部《毛泽东传》，已经有200多万字，篇幅自然不宜更多，必须有自己的着重点。我们把重点确定为：以大量原始档案作为基本依据，来写毛泽东如何从事中国的革命和建设事业，并做简要的评论。有些地方也可以述而不评，只叙述，不评论。

为什么这样规定？主要有以下几点考虑：

一、毛泽东的一生几乎可以说是全身心地投身中国革命和社会主义建设事业，这是他生活的基本内容，其他的对于他来说都居于很次要的地位。他在中国以至世界历史上产生的主要作用在这方面，人们最关心和希望更多了解的内容主要也是在这个方面。

二、中央文献研究室的重要优势在于：掌握数量庞大的有关毛泽东的原始历史资料，包括有关的会议记录、谈话记录、来往电报、手稿等以及作为附件的有关单位或负责人送来的报告。它的数量大概比许多单位要多，很多以往没有公布过。系统地认真地研读这些原始资料，对毛泽东一生中对许多重大事件如何思考、判断、应对以及为什么前后会有演变，容易有比较真实而细致的了解，不致轻易被社会上流传的一些并不符合实际的说法或猜测所左右。

三、从中央文献研究室成员的构成来说，第一、二任的主任胡乔木、李琦，长时期在毛泽东、周恩来身边担负重要工作；第三位主任、也是这本传记主编之一的逄先知在毛泽东身边工作17年，是自始至终参加毛泽东亲自主持编辑《毛泽东选集》一至四卷这项工作的唯一年轻工作人员，还参加过毛泽东直接领导的农村调查等工作。我也亲历过中国共产党的革命、建设、改革工作，往事历历，仿佛就在眼前。在文献研究室，还有几十名专门研究中国共产党主要领导人生平和思想已逾二三十年的学者。这也是撰写这样一部传记的有利条件。

四、这些年来，在中国内地撰写的关于毛泽东生平和思想的书籍有几百种，文章多得更无法计算。这既给我们提供了丰富的营养，又使我们可以对中国读者本来已经知道得很多的事情以及那些并不重要的细节写得简略些，省出篇幅将我们认为更重要的内容写得更详细。

怎样撰写这部传记？我们遵循的原则是：

一、力求真实。真实是传记著作的生命。记得有位西方哲人说过：我不怕后人批评我，只怕后人误解我。这话是很有道理的，因为建立在误解或不正确理解基础上的批评是毫无价值的。历史是过去的事情，难以重新再回到当时的现场去观察，但仍然应该努力去再现历史的本来面目。因此，在撰写这部传记时，我们绝大部分时间和精力用在反复钻研当时遗留的那些比较可靠的第一手材料上，参考这些事情的其他亲历者的叙述和回忆，遇到不清楚的事实，尽可能找当事人核对，不敢轻信那些未必可靠的第二手材料，不把那些主观的猜测当作事实来写，更不采用那些猎奇性的小道传闻。在行文时，常常大段地引用和抄录当时留下的第一手资料的原文（相当数量是以前没有公布过的）。这种写法，不但比经过作者转述的更接近真实情况，也借此多提供一些此前没有公布的原始资料，便于读者自己做进一步的思考和研究。

二、写人物传记的主体是写人，要写出一个活生生的、有血有肉的人的一生经历和发展过程。这就要努力做到对传主像一个自己很熟悉的人那样，了解他是怎样思考和工作的，了解他是怎样一步一步走过来的，前后有什么变化、为什么会有这些变化，力求做到脉络线索清楚，层次分明，有总体感。不只是一大堆具体事件的堆积，不是板块式的拼凑而缺乏内在逻辑。

三、一个人不是孤立地生活着的，总是在一定的历史条件与某种具体环境下生活和行动。写一个人，得从比较宽广的背景下来考察，包括他在各个阶段面对的需要解决的突出问题是什么、问题棘手之处在哪里、对这些问题有什么不同看法、客观环境对他有什么影响、有哪些制约因素、他为什么会取得成功、又为什么会发生错误等等。写一个政治家时，还要说到他的伙伴和对手。例如写抗美援朝，不能不讲到彭德怀、周恩来的作用，也不能不分析美国当局的战略意图、长处和短处，同毛泽东做比较和对照。这样，可能有助于读者完整地理解毛泽东当时为什么会这样说、这样做，他的高明和不足在哪里。当然，写背景和环境必须服从传记的需要，不能泛泛地去作长篇大论，那就成了喧宾夺主。

四、写一个历史人物的传记一定要坚持分析的态度，功过是非当然有主次之别，而神化和妖魔化都毫无价值。拿毛泽东来说，他在中国这样一个地大人众、经济文化落后的东方农业大国进行革命和社会主义建设，是史无前例的，面对的情况十分复杂，常常有许多未知数或变数，不容易做出准确的判断，一切只能在实践中摸索前进。在这种情况下他取得巨大成功极不容易，在探索过程中有错误，甚至全局性的错误并不奇怪，这同事后一切都已明朗了再回头来议论它的是非大不一样。成功的经验和失败的教训，对后人都是精神财富，大多数中国人是这样理解的，天安门上一直挂着毛泽东的画像就是这个原因。总之，要尊重事实，对的就是对的，错了就是错了。就是做得成功的工作，也常会有缺点或做得不对的地方。

不用回避。我们主编这部《毛泽东传》时是努力这样做的。至于做得好不好，请大家指教。

上面所说的几条是我们认为应该这样做的原则，并不是说我们都已做得很好了。加上这部书的前一部分是 20 年前写成并出版的，后一部分也是在 10 多年前写成并出版的，今天看来还有不少不足之处，希望在座学者提出批评和建议。

再来谈持多维写作方法的学者之间相互交流和共同探讨的问题。

学术研究应该是开放的。这样做很有好处。记得 1999 年在东京庆应大学举行关于抗日战争军事方面的学术讨论会，参加者是来自日本、中国大陆地区和台湾地区的学者。闭幕式上，会议组织者让我也讲几句话。那次会上对一些问题争论得很激烈，我说："学术讨论会不同于工作会议，常常是为了不同意见之间有个相互切磋、交换意见的机会，本来不一定需要取得一致的看法。会议并不是准备为讨论画一个句号；可以是一个逗点，话没有讲完，还要继续讲下去；也可以是个问号，留下不少问题需要进一步思考。我在参加这次会议时主要是用心听有哪些知识（特别是海外的材料）是我过去不知道的，有哪些问题是我以前没有想过的。因此，我觉得收获很大。"

国外出版的用多维写作方法写成的各种毛泽东传记性作品，如施拉姆、特里尔、史华慈、威尔逊等教授写的传记和麦克法夸尔教授等的著作，我也读过。他们用外国人的眼光远距离地看待和审视毛泽东，常常能给我们以新的启迪，也增加了新的知识。前些时间，我读了今天在座的潘佐夫教授的《毛泽东传》。他引用的大量苏联档案，其中有不少是我过去没有看到过的，不仅增加了我对共产国际同中国共产党、苏联同中华人民共和国之间关系的知识，而且在有些问题上有了新的了解。至于书中也有我不赞成的地方，这是很正常的。

我还想举个实例来说明这种多维的学术交流对推进学术研究的积极作用。

20多年前，听说有位俄罗斯学者在美国举行的一次学术讨论会上说，中共中央文献研究室所编的《建国以来毛泽东文稿》第1册有毛泽东1950年10月2日答复斯大林的电报写道："我们决定用志愿军名义派一部分军队至朝鲜境内"作战，但俄罗斯档案馆中并没有这份电报，相反，倒有同一天苏联驻华大使罗申转呈毛泽东致斯大林的电报说："关于这个问题还没有做出最后决定"，"我们将举行一次中央会议，中央各部门的主要同志都将出席"。据说那位学者在会上批评中央文献研究室伪造档案。

听到这个说法，最初我们十分生气，因为我们是根据毛泽东的手稿刊印的，手稿还在，完全没有加以改动，而他们说的苏联驻华大使转呈的那份电报在中国的中央档案馆里却不存在。究竟谁是谁非呢？

我们采取审慎的态度。先仔细看我们保存的那份电报，发现手稿上没有发电的标记。我们又请教当时中央机要部门的工作人员：在发出的电报中，有没有在手稿上没有发电标记的事？他说：这种情况过去也有。但这样仍不能做出结论。我们又找来俄罗斯档案馆所藏那份电报的复印件，从内容和收电格式来看也不像是伪造或经过改动的。

经过再三斟酌，我们在中央文献研究室编写的《毛泽东传》中这样表述："根据有关情况判断，毛泽东这个电报（注：指我们保存的手稿）很有可能是在十月二日下午召开书记处会议之前起草的，原准备在书记处会议做出出兵决定后发给斯大林。但在这次会议，多数人不赞成出兵。毛泽东只能把这份电报搁置下来，而将多数人的意见，通过苏联驻华大使罗申转告斯大林。"

这样，就对中国决定出兵抗美援朝的复杂过程有了更完整的了解。而双方最初的认识都有片面性，显示出多维写作、学术交流的积极意义。

当然，这种积极意义是对严肃的尊重客观事实的学者来说的。对那些根本不顾客观事实的书来说，便是另一回事了。

健康的多维的学术研究自然是主流，至于有什么不同看法，自然可以共同讨论。我相信，维也纳大学举办的这次国际学术讨论会一定能取得圆满的成功，能够将国际上许多人共同关心的毛泽东研究工作继续推向前进。

（本文是作者在 2016 年 7 月 2 日参加维也纳大学举办的
"探索毛泽东传记的多维写作方法的国际学术讨论会"
上的发言）

和 60 岁左右同行谈谈心

　　60 岁左右，大体上是许多同行退休的日子。这在人生道路上是一个重要转折点。从报上看到，中国人的平均寿命已达到七十六七岁，北京和上海市民的平均寿命已达到八十二三岁。那么，在退休后的二十来年中，或者为它做准备时，需要做些什么准备呢？

　　各人的情况不同，对问题会有不同的回答。这是很自然的，也是合理的。例如，有的同志确已年老体衰，一辈子已为国家和人民做了不少工作，现在余力不多，应该好好保养身体，多看看国家和世界的发展和变化。我曾旁听到一位领导同志劝他的老友：要好好"颐养天年"。这是合情合理的。再如，有的同志对原来从事的工作虽然一贯尽职负责但并没有发自内心的特殊爱好，那么在退休后多抽些时间参加一些自己爱好而此前没有很多时间参加的活动，如跳舞、下棋、看书等，以满足生活的各方面需求，那也是合情合理的。还有，一些同志在退休后，还有很多家庭和社会生活需要他去做的事，无力再从事过去长期所做的工作，或者从事原有工作的条件已不再具备，只得放下，这也是常见的事。如此等等。如果对这些同志提出不切实际的需求，就违背了实事求是的原则。

　　因此，我这次谈心的对象，不是以上几种状况的同志，而是我同行中对原来从事的史学工作仍怀有深厚兴趣，头脑中还有些很值得研究的问题，又有点余力和条件，只因为已到退休年龄，就把它放下，不再打算继续有计划地做些研究工作，那就很可惜了。

我可算是过来人，今年92岁了。2004年，也就是74岁时办了离休手续。因为当时正和陈群同志共同主编的《陈云传》没有完成，又继续工作了整整一年，每天还是早上八时上班、下午六时下班，整整干了一年，才改变原来按时上班的习惯，到现在已有17年。如果按应该离休的1990年算起，就是32年了。三联书店为我出版了十几本"金冲及文丛"，大多是在这17年中写的。所以我想把自己在实践中的一点体会写下来，作为同现在正面对或将面对退休生活的史学同行们之间的谈心。

拿我的亲身感受来说，60岁上下或者稍后这段时间，对一个史学工作者来说，只要健康状况允许，实在称得上是黄金时刻。这不是夸张，而有着几个实际原因：

第一，从事史学工作有一个重要条件，是知识的积累。这要花很多时间才能达到。最初年轻时记忆力虽好，但能记住的往往比较分散，不很系统。随着知识的积累达到一定程度，才会忽然融会贯通，产生新的整体性理解和认识，这需要时间。现在网上查阅资料的方便程度是过去无法相比的，但它毕竟无法完全代替对重要原始史料的系统阅读和思考。

第二，年轻的时候往往缺乏足够的社会经验，对史事的判断容易轻下结论，而不了解事物的全部复杂性。那时的长处是敏锐性和创新力，但有时会失之偏颇或简单化。我听一位长者说过：有些事是要靠吃饭来解决的，意思是经历的事多了，对许多事方能真正懂得。应该说，青年和老年各有它的长处和短处。老年人不必因赶不上时代车轮而过分地否定自己。

　　第三，从我自己来说，离休前主要的工作时间（有时可以说是全部工作时间）都用于所在岗位需要完成的任务。这自然是必需的。但在工作过程中也常会积累下不少自己头脑中产生的问题和想法，那时只能把它先放在一边，顾不上用很多时间去研究它，时间一长就淡忘了。退休或离休后，尽管还会有不少集体交办的工作，但可以由自己支配的时间毕竟比以前要多不少，趁精力还许可时把原来积存的问题和想法经过进一步思考和补充陆续整理出来。这也是在已达到退休年龄以后，了却自己一些遗留的心愿。

　　当然，不管怎么说，退休以后的日子终究已屈指可数，而且人的精力越到后来肯定会越衰退，不可能始终那样精力饱满。因此，如何在有限的短促岁月中多少还能做成一两件事，实现自己的一点心愿？这里很重要的一点是要及早对今后的岁月有一个通盘的仔细考虑，不能走到哪里算哪里，结果就把本来可以做到的事白白地蹉跎过去了。

　　这里，首先要仔细想清楚自己在一段时间内的主要奋斗目标。这个目标要经过衡量，确定选题的主次和步骤的先后，甚至在退休前已有所思考。考虑时要反复掂量利弊，下了决心就不轻易动摇。这是自己对自己许的愿，走不到爬也得爬到。不能只是碰到什么就做什么，零零碎碎地干，月计有余，年计不足，到末了报不出什么账来。当然，这是从总体来说的，日常生活中遇到一些零活和应酬是无法完全避免的，但统盘的打算决不能动摇。这样才能做成一两件成功的事。

　　我读过毛主席女儿李敏写的《我的父亲毛泽东》。其中讲到毛主席跟她说过他父亲常讲的一句话："吃不穷，用不穷，人无计算一世穷。"大家都知道：毛主席对他母亲的感情非常深，而对他父亲有很多不满意。但他把父亲说过的这句话不仅牢牢记得，还用来教育女儿，可见这句话给他留下很深的印象，有着不小的影响。当然，他说这话的用意自然不是指财富的"穷"不"穷"，而是借来指事业的成败，是要嘱咐女儿，无论准备做什么事，必须先了解并分析自己所处的主客观条件，对行动的利弊得失和行动的先后缓急细心计算，再下决心。这种决心决不轻易变更。我想他所说的"计算"，包括这些而言。

对毛泽东同志这样伟大人物的高瞻远瞩、谋而后动的气度，我们自然只能怀着"高山仰止"之叹，但他对女儿嘱咐的苦心，是值得我们三思的。

我自己几十年中，虽然谈不上干过什么大事，也曾多次遇到过需要认真计算来下决心的时刻。一次是20世纪80年代初，离60岁到来，还有十年左右。当时已有着岁月不待人的紧迫感，觉得必须对随将到来的十年工作有个比较切实的计算和安排。这次计算比较简单，因为两件工作已明明白白地摆在面前：已经进行了一件是我在中央文献研究室担任主编的两卷本《周恩来传》，共300万字，这自然是我必须确保的基本任务。另一件是我和胡绳武教授在复旦大学工作时从1961年起开始撰写的四卷本《辛亥革命史稿》，还有两卷没有完成，由我们各写一卷。我这部分工作自然只能在业余来做，无法半途而废。当时，我白天全力以赴地写周传，晚上业余时间写《辛亥革命史稿》，同事笑我是"白天周总理，晚上孙总理"。工作发生矛盾时，后者无条件地服从前者。我担负的《辛亥革命史稿》第二卷在来中央文献研究室前用两年的业余时间就完成了。来中央文献研究室后的第三卷，用了七年的业余时间才完成。所以这一次计算，并不是要选择这段时间内投身什么研究项目，而是要下定决心：尽管中间还有不少其他任务插进来，那也是必须负责地完成的，但上述这两项工作必须都在 20 世纪最后十年内完成，其他工作也要恰当地安排。记得我那时多次讲过：这个决心，"走不到，爬也得爬到"。但如果没有恰当的计算和安排，如果不下那样的狠心，只是碰到什么就干什么，那也不可能如期实现预定的目标。到 20 世纪结束这个日期到来时，这两项工作都终于如期完成，达到原定要求。心里压了几年的石头终于放了下来。

另一次是 2004 年在办理离休手续、又完成和陈群同志共同主编《陈云传》任务后。这时更需要自己很好地计算和安排：下一步的主要力量做什么。这种考虑，在前两项任务完成前已开始考虑了，但那时只有点笼统的初步设想，没有做决断，也不容许分心。到这时就得转化为需要具体落实的安排。那时设想的，先写一部《二十世纪中国史纲》；如果完成了，再把 1991 年胡乔木、胡绳主持写《中国共产党的七十年》时的讲话记录整理出来，起了个书名叫《一本书的历史》。

为什么从原来承担任务的岗位上刚退下来，而且已办了离休手续，几乎没有停歇就主动上马一项自己承担的新课题：写一部四卷本、一百几十万字的《二十世纪中国史纲》？那时，自己觉得从精力看还能做一些事。但可以做的题目很多，究竟选择哪一个来做呢？这个选择不能轻率地或者任意地做出决断，而是要从全盘角度想得周到些；一旦做出决断后，就要全力以赴地力求做出结果来。那时自己已 75 岁了，如果犹豫不决或者摇摆不定，那就什么也干不成了。经过反复比较和选择，决心还是先动手写一部《二十世纪中国史纲》。为什么做出这样的选择？主要有三个想法：

一是社会需要。在中华民族伟大复兴的历史进程中，20 世纪是一个极为重要的阶段。当跨入20世纪那一年，全世界所有西方列强组成八国联军，武装占领中国首都北京达一年之久，家家户户都得悬挂分区占领国的国旗，瓜分中国的议论在外国议会和报章上甚嚣尘上。而隔了100年，到20世纪结束时，中国人民取得举世瞩目的成就。这样翻天覆地的变化，是怎样一步一步走过来的？需要有一部比较系统而又较具体生动的书把它记载下来。我在这100年中生活70多年，许多事亲见亲闻，有责任尝试做一下这种努力。

二是同我自己在这以前的工作衔接。我在中共中央文献研究室在职工作24年，主要任务是主编或共同主编毛泽东、周恩来、刘少奇、朱德、陈云的传记。他们在20世纪中国所处的地位和贡献尽人皆知。在编述他们的思想发展和重大活动时，都离不开急遽变动的20世纪中国的社会历史背景。因此，在编写他们的传记时对研究这些复杂背景所花的力气是很大的，否则许多问题都说不清楚，但这些书的主题毕竟是个人传记，以上论述所用篇幅不宜过多，以免造成"喧宾夺主"。而且有关历史背景分散在各书，难以给读者比较完整的印象。这样，编写一部比较系统的《二十世纪中国史纲》就可以充分使用编写传记时做过认真研究而无法写入书中的内容，还可以对"二十世纪中国"这个课题有一个综合的比较完整的论述，也有它的用处。

三是从我个人的历史经历来看，写这个选题也有它的有利条件。我从1953年至1965年在复旦大学历史系、新闻系、中文系教过"中国近代史"这门课程，共12年。那时讲的中国近代史是指晚清到民初的历史，对这段历史的发展过程比较熟悉。到中央文献研究室工作后，因为国民党的历史和共产党的历史有过几次从合作到破裂的过程。为了知己知彼，常要对国共双方的历史都比较熟悉。何况我在国民党统治时期已是大学生，又参加了地下党，不少事是亲见亲闻亲历的。到中央文献研究室后，因工作需要，多次被中央抽调参加重要文件起草工作，前后大约用了三年时间，因此对改革开放以来的历程也多少有些比较深入的了解。革命、建设、改革三个阶段的历史前后相续，联系起来，就有一种整体性的感觉。

正在这时，读到英国哲学家罗素的名著《西方哲学史》。他讲了一段话："我毫不怀疑，很多人对我所述及的任何一个哲学家——除了莱布尼兹之外——都比我知道得多。然而，如果这就成为应该谨守缄默的充分理由，那么结果就会没有人可以论述某一狭隘的历史片段范围以外的东西了。"确实，各个部分总都有研究得比较深入的学者。但由一个人来写一部这种书，写一部通史性的书，不管本人水平如何，总可能使读者有主题鲜明、层次清楚、一气呵成之感。罗素的这些话，也给我壮了胆，觉得可以试试。

这样，经过对利弊反复"计算"后，就下了狠心，不到黄河心不死，不能老是见异思迁，东一枪，西一枪，浅尝辄止，或者事先没有充分"计算"它的可行性，中途畏难而退，贸然上马，那就什么事也做不成了。当然，这样做总会遇到有些原来没有想到而不能不做的工作还是得做。那应该计入"预算"内，必要时调整一点工作进度的时间，而原计划的目标和工作步骤绝不轻易改变。

我很笨，连用电脑打字也不会，只能用铅笔一个字一个字写。其他可做可不做的事，就先让路了。写了三年，才把这部一百几十万字、四卷本的书总算写完，之后很快就出版了。

《二十世纪中国史纲》写完时，我已经78岁，不过精力还可以，过去工作中积累下来的知识和想法不少，还有些余热可以发挥。该先做什么呢？这又需要从全盘来计算一下。这就想到1991年中央党史领导小组决定编写一部《中国共产党的七十年》，由胡乔木同志负责、胡绳同志为主编。龚育之、王梦奎、沙健孙和我在玉泉山住了八个月进行工作，胡绳同志后来也住到山上来了。每一章写后大约总得开三次全体会议，胡绳同志每次都发表了系统的意见，最后还自己动手改稿。乔木同志那时身体已很坏，还是看了全稿，并对有几章做了修改，还讲了不少意见。他们对党史中的许多重要问题都详细地谈了看法。我对他们的讲话都做了详细的记录，自信记录是比较完整而准确的。因为要达到这个要求，字迹有些潦草，别人也许很难认清楚，有些话还需要利用当时留下的胡绳日记、书信以及其他会议记录等原始资料，才能完全看明白。这个本子已经存留二十来年。如果不整理出来，可能将来就变成一堆废纸。我想想，把这两位大师对党史中一些重要问题的看法整理出来，流传下去，比我自己再多写一些论文或著作的价值要大得多，也是我必须还的一笔债。这样，就决心把自己其他写作的打算撂下，先把这两位大师留下的宝贵精神遗产整理出来并出版。

在这以后，承三联书店的好意，从2016年起出版"金冲及文丛"，现在已出版11种，其中少数是以往在工作岗位上时的旧作，大多是离休后新写的。说是新写，其实仍然同以往的工作直接相关。这里大体上又可分两类：一类是在以往工作中已有知识和想法两方面的积累，已可说初步成竹在胸，有些在纸上零星地记几句，但没有经过整理。（我觉得在平时既要重视知识的积累，也要十分重视工作中产生的想法，这也是需要注意积累并逐步使它条理化的。）现在有了比较宽裕的时间加以整理，便可能成文。另一类是在传记写作中发现一些很有意义、值得研究的问题，但当时因为工作忙或与传记主题关系不够密切，顾不上抽时间进一步研究。现在有了比较多一些可以由自己支配的时间，就能集中些力量，对这类问题进行较深入的探讨。做了一辈子的研究工作，头脑中积存下来的这类问题不少，进一步加以探索，既可说驾轻就熟，是原有工作的接续，又需要有顽强的攻关精神，把原来没有弄清的问题尽力说清楚，可以有一定的创新性。而你感受到的没有很好解决的问题，往往也是其他同行可能遇到而没有解决的问题。如果在这样的问题上能有所突破，也是很有意义的事。

这样一来，值得做的事情仍然很多，但自己毕竟年岁已从八十几到九十几，精力有限，于是又离不开认真比较和计算才能下决心。余下的有限岁月禁不起任意虚度。大体说来，这几年写得比较多的有两方面：

其一，去年是建党一百周年。党组织要求共产党员写一些回忆自己入党的经过。我所在的中共中央党史和文献研究院要我为本院办的《百年潮》写一篇回忆自己入党经过的文章。我是 1948 年初在复旦大学入党的。当年的社会情况以及地下党的组织结构、当年怎样在国民党统治下相当复杂的环境中开展工作的情况等等，现在亲身经历过来的人已经越来越少了，作为一个党史工作者写写这段历史是应尽的责任。所以我写得比较细，有两三万字，在《百年潮》上分两期登完。以后我又写了几篇解放初高等学校史学界、文物工作等的回忆文章。因为是亲历的事，费力不多，而且也可以保存一些史料，这也是应尽的责任。

其二，我的本行是党史工作者，这些年写得比较多的还是党史方面的著作。对中国共产党的历史资料，我比较熟悉，这些年又读了不少新的资料。这个阶段中值得提及的是，从 20 世纪 90 年代以后一段时间内，台湾大量公布了国民党在大陆时期的历史资料，如：蒋介石的日记、思想言论总集、事略稿本、大事长篇初稿等；陈诚、胡宗南、徐永昌、王世杰、钱大钧等的日记、书信集、文稿、各种访问记录、多卷本的战役史等。中国共产党的历史叙述的事情中有不少同这些有密切关系。我用相当多时间有分析地读这些资料，还去过两次台湾，同台湾的学者有相当密切的关系。到了老年还有这样的机会是很难得的。

在"金冲及文丛"中有两本书，从书名就可以看出这个特点：一本是《联合与斗争：毛泽东、蒋介石与抗战中的国共关系》，一本是《决战：毛泽东、蒋介石是如何应对三大战役的》。我想，这样写可能更便于读者理解为什么共产党会胜利而国民党会失败。1998年我在日本京都大学用了近半年时间看了1927年全年的四份报纸（包括日本人出的中文报纸《盛京时报》）和当时影响很大的《国闻周报》，摘抄了两厚册的笔记，准备写一本有关第一次国共两党从合作到分裂的史书。投入已经不少，但最后仍觉得自己对当时历史发展的复杂进程还是隔膜，许多问题若明若暗，不敢动手，没有把握宁可不写。结果下狠心停下来，改为另写了一本《转折年代：中国的1947年》，因为它是我亲身经历过的，比较有把握。当时，对那本书已经下狠心放弃了。到2020年4、5月间因疫情关在家里，不能外出，而这二十多年来又读过不少书，特别是台湾出版的国民党方面的史料，又下决心重新捡起来，写了一篇67000字的长文《1927年：第一次国共合作的破裂》，也出版了。可见研究工作的选题必须极端郑重，既敢承担，又勇于割弃，这都需要经过慎重"计算"，决不能有一点马虎和犹豫。说了半天，有的同行可能觉得你都在自说自话地讲自己的经历。其实，即便是同行，但各人的经历和条件不尽相同，没有任何人的做法可以照搬，但应该如何做史学工作的基本道理是相通的。前面讲的种种确实只是随意提供参考罢了。

我是从复旦大学历史系成长起来的。我的老师周谷城教授和周师母都说过："我们是看你长大的。"周先生讲课的内容我都忘了，但他说的"找到一个好问题，这篇文章就成功了一半"，还有"学问要如金字塔，又要广博又要深"，令我至今不忘。我的儿子是新加坡国立大学历史系的博士，我的孙子现在在英国牛津大学攻读博士学位。有的朋友开玩笑地说我是"献了青春献终生，献了终生献子孙"。我也没有跟他们讲过什么"历史研究法"，那样也没有什么用。这次跟几位60岁上下的同志谈天，讲到这些，只是自己对比我年轻的同行总怀着一种特殊感情。写下这些话，也只是提供参考。不妥的地方，欢迎指正。

（此文写于 2022 年。《读书》2022 年第 10 期刊发了

此文部分内容）

干部要学一点历史

　　常常可以听到这样的问题："历史有什么用？"在有些人看来，历史无非是些早已成为过去的事情，我们连当前的事都忙不过来，哪里还有工夫去学什么历史？令人不安的是，我们有些担负着领导工作的干部也有着类似的想法，或者连想也没有想过要学一点历史，仿佛它同自己根本无关。

历史是现实的由来

　　人们很容易只看到现在，仿佛历史已成为过眼云烟，没有多大用处了。其实，任何事物的发展都有它的连续性。每个人生活的环境在你接触到它以前已经存在，即使要改变它也必须从原有的基础出发。一个丧失了记忆的人，是无法处理好面前的事情的。同样，一个对历史懵然无知的人，也不可能处理好现实生活中种种复杂问题。历史并不只是过去了的事情，它仍在现实生活中起着作用，谁想割断它也割断不了。李白有句诗："抽刀断水水更流。"这对历史传统无法割断是一个很好譬喻。

　　我们可以先用普通的生活常识来做说明。当一个干部初到某个单位去工作时，如果面对一大堆棘手的问题，决不能"下车伊始，哇喇哇喇"，立刻大刀阔斧地去处理，那种莽撞的做法很少不碰钉子。一般地说，他总得先了解一下这个单位的历史状况，弄清楚问题形成的来龙去脉，知道前人在这方面有过什么成功的经验和失败的教训。他对这些历史情况了解得越清楚，他对处理这些问题也会越有把握。当然，不管哪一种情况，所要了解的历史情况都应该是具体的、可靠的，而不能是粗枝大叶的或道听途说的。推而广之，对一个国家以至世界来说，事情也是这样。我们今天正在建设有中国特色的社会主义。这是一个有着十二亿人口的大国，在复杂多变的国际环境中，进行一场广泛的、深刻的、史无前例的社会大变革。我们所要解决的问题，难度很大。对任何一个干部说来，原有的知识都远远不够。这就要求我们认真学习。

领导干部工作很忙，越忙越需要很好地学习，否则再忙也不能把工作做好。"以其昏昏，使人昭昭"是不行的。学习的内容包括要学一点历史，因为要建设有中国特色的社会主义决不能离开中国的具体国情，而国情总是历史地形成的，是同它的历史传统密切相关的。我们需要了解中国今天面对的许多问题的来龙去脉，了解前人在这块国土上做过哪些探索和尝试，在付诸实践后产生了怎样的效果，哪些同他的预期相符而取得成功，哪些同他的预期相反而遭到失败，它留给我们什么有益的启示。如果对这些生动活泼的历史知道得更多一点，就可以帮助我们今天在工作中做出选择和采取行动时减少盲目性，提高成功的把握。我们生活在对外开放的时代，对世界的以至一些国家的历史也需要有基本的了解。所有这些对中国和世界历史的了解，同样应该是具体的可靠的知识，而不是那种笼统的甚至似是而非的印象。那就需要学习。

历史是集体的经验

中国有句老话说："事非经过不知难。"一个人如果只有书本知识而没有实际经验，是不能把事情办好的。这样的人，思想往往比较肤浅，行动也容易近于浮躁，常把天下事看得十分简单，以为照他想当然地设计出来的那套办法去做，什么都将迎刃而解。结果，远比他所设想的要复杂得多的现实生活很快就会教训他，使他吃到苦头。一个有丰富实际经验的人就不同了。他会预想到可能出现的种种问题，做好应对的准备，顺利地把工作推向前进。

实际经验有两种：一种是直接的，一种是间接的。直接经验十分重要，它可以说是人们取得正确认识的基础和前提。很难设想一个毫无直接经验的人怎么能真切地理解和掌握来自别人的间接经验。但任何个人的直接经验，从范围上说，终究是极其有限的。如果只是囿于这种直接经验，他的眼界就很狭窄，在复杂多变的局势下处理问题时就容易做出错误的决策。这就需要用来自别人的间接经验作为补充。德国著名政治家俾斯麦说过一句近于偏激的话："蠢人常说他们是从自己的经验中进行学习，我却认为利用别人的经验更好些。"英国著名军事理论家利德尔·哈特的名著《战略论》第一章的题目是《历史是实际经验》。他说："历史，这就是普遍性的经验。它不是某一个别人物的经验，而是许许多多在各种复杂多样的条件下从事活动的人们的经验。"这段话说得很深刻。

可以这样说：历史知识所记录的正是前人世世代代在社会实践中积累下来的丰富经验。从某种意义上也可以说，历史知识是人类社会实践经验的总汇。它可以教会人们多懂得许多东西。在历史著作中，常常记录下人类历史上那些突出的优秀人物在面对无数难题时，是怎样思考和处理问题的。这能给我们以启发。梁启超曾盛赞司马光的《资治通鉴》最能益人神智。他说："什么叫益人神智？就是告诉人对于种种事情如何应付的方法，此即历史家真实本领所在。"《资治通鉴》中，"有好几处记载史事，不看下面，想不出应付的方法，再看下面，居然应付得很好。这种地方，益人神智不少"。多读些优秀的历史著作（包括历史人物传记），多知道些具体丰富的历史知识，确实可以帮助我们增加智慧，使我们的思路更加开阔，考虑问题更加切合实际，这不是哪一门理论学科所能完全代替的。历史学科所以区别于其他学科而有它独立存在的价值，世界上许多杰出的政治家所以常对历史著作表现出了特殊浓厚的兴趣，原因可能就在这里。

学习和研究历史还可以说是一种思维训练。一个人往往容易被他短暂的生活经历所限制，他们的视野很狭窄，目光短浅，缺乏远见。但当他广泛地接触到古往今来的丰富历史知识后，便会在不知不觉中受到潜移默化，感受到历史始终是一个发展过程，不会停留，也没有终点。任何历史事件无非都是这个发展过程的特定阶段中出现的一种现象，都是可以分析和解释的。历史又是充满矛盾的运动，有着相互冲突的多种力量和利益在起作用，并不随哪个人的个人意志而转移。如此等等。

干部特别是一个担负领导工作的干部，如果能够有比较广阔的历史眼光和锐敏的历史感，可以帮助他摆脱小生产者的狭隘眼界，不再只醉心于从事一些短期性行为，从而对他看待和处理现实问题产生深刻的影响。至于对全国各族人民特别是青少年普遍地进行和加强历史教育，不仅可以激发人们的爱国主义感情，加强中华民族的凝聚力，并且必将有助于提高我们整个民族的素质。

这是一件极端重要的事情。

学一点历史从何下手

一讲要学一点历史，就会遇到一个问题：历史典籍浩如烟海，如果不是专业的史学工作者，不可能在这方面花很多时间，应该从何下手呢？

这个问题很不好谈，因为各人情况不同。对这个人适用的办法，其他人未必适用。勉强说来，可以注意这样几点：

第一，先从掌握最基本的知识下手。无论中国史还是世界史，无论近代史现代史还是古代史，都有一些社会上普遍认可的成功的代表作，可以先找一两部这样的书来读，以便入门。为什么说要找"一两部"来读？这是为了避免思想先被某一部书的看法束缚住，造成先入为主的固定看法。多看一两种，可以有个比较，也可以引起自己的进一步思考。

第二，读书的时候，要区别什么是重要的，什么是不重要的，不能平均使用力量。通常说来，要把注意力的着重点放在弄清历史发展的基本线索和一些关键问题上，记住一些最基本的知识。线条粗些倒不要紧，但一定得准确。至于一般性的过程和细节，大致看过去就行了，如果有需要，可以在以后用"滚雪球"的办法逐步扩大，不可能"毕其功于一役"。

第三，除一般的基本知识外，可以根据各人的不同工作需要，有重点地选择一些书来读。例如，从事涉外工作的可以读一些国际关系史和国别史，否则同别人打交道的时候就会闹笑话，更谈不上知己知彼；从事经济工作的可以多注意些新中国成立后经济建设方面的探索历程，以至世界上其他国家在经济改革方面成功或失败的历史经验等等。平时，当工作中涉及某一问题时，也可以有意识地充实一些有关的历史知识。这样，学用结合，逐步扩大自己的知识面，效果比较好。

第四，读书要有精读，有浏览。总得有一些重要的书得用心地精读，不能什么都是走马看花，一知半解，那样是成不了大器的。但也可以抽些时间随便浏览，甚至看一些闲书，这可以扩大眼界，丰富多方面的知识。胡绳同志读书的面很广，通常读得很快。他说：曾在自己眼睛里过过，同没有过过，大不一样。这话是很有道理的。

要有正确的历史观做指导

学一点历史，还会遇到一个问题：对许多事往往众说纷纭，有时使人不知所从。这里，有两类不同的情况：

一类是学术上存在不同看法的问题，有些一时难以判明谁是谁非。例如中国什么时候从奴隶社会进入封建社会的？有的认为是西周，有的认为是春秋战国之际，有的认为要到魏晋。这类问题，只能本着百家争鸣的精神，让学术界去争论，做不出结论也没有关系。对一般读者说来，只要知道有这几种不同看法，或者选择一种自己认为比较有道理的看法加以接受，也就够了。

另一类就有是非问题了，甚至有大是大非的问题。所谓是非，不是出于哪个人的主观判断，而是基于历史事实，是客观存在，历史的客观性、历史的真实性才是历史的真正力量所在。历史学应该尽可能帮助人们如实地认识它，理解它；决不能违背历史事实，更不能任意地歪曲它以至篡改它。这就有一个是非问题。例如，半个世纪前日本侵华战争给中华民族带来的深重苦难和创伤，至今仍刻骨铭心地留在亲身经历过这场浩劫的中国人的心里。这是铁的事实。可是，日本某些人却公然否认那是一场侵略战争。这样违背事实的问题，难道还能说只是各人对历史的不同解释吗？

再举一个复杂些的例子。有人认为中国近代的革命是搞糟了，连孙中山领导的辛亥革命也是如此，当时中国需要的只是渐进的改良和建设。这种说法实在使人奇怪。凡是在旧中国生活过来的人都从自己的亲身经历中看到过：当时国内外反动势力的统治，使中国的任何根本改革已成为不可能，中华民族到了最危险的生死关头，这才迫使许多志士仁人不惜抛头颅，洒热血，投身到争取民族独立和人民解放的革命斗争中来，革命是逼出来的。正是它的胜利，为我们今天的社会主义现代化建设扫清了广阔的道路。我们不能把以往革命时期的许多做法再搬到今天来；同样，也不能把今天的一些想法套用到以往的历史上去。这是一种实事求是的态度。

可以看出，学一点历史需要有正确的历史观作为指导，那就是马克思主义。马克思主义要求我们尊重客观历史事实，坚持实事求是，一切从实际出发，要求我们对事物采取分析的态度，用发展的眼光看待它。这些都是我们应该牢记的。毛泽东在《反对本本主义》中说得好："我们说马克思主义是对的，决不是因为马克思这个人是什么'先哲'，而是因为他的理论，在我们的实践中，在我们的斗争中，证明了是对的。"如果把马克思主义当作教条来用，如果削足适履地把复杂多样的活生生的历史事实硬纳入某种固定的模式中去，这不是马克思主义，并且正好是违背了马克思主义。

（本文载《解放日报》，1996 年 6 月 26 日）

历史科学的特性和作用

历史科学的特性和作用是什么？这是一个已经被人们议论过无数遍的老问题了。如果浅近点说，可不可以这样认识：历史科学是要以具体、生动、可靠的历史事实来说话，通过再现历史发展的具体过程或它的若干侧面，使人们能从中得出某些结论或得到某些启示，以增长智慧并提高对现实社会生活的认识能力。

历史科学所以有别于哲学、经济学、政治学、文学等这些学科，所以有它独立存在的价值，所以能对社会发展起着其他学科难以完全替代的作用，我想原因就在这里。历史科学需要不断创新。这种创新不能离开历史科学的根本特性和特有功能，而是为了更好地发挥它的这种特性和功能，否则就不成其为历史科学了。

从现状、历史、理论三者的关系说起

在研究社会问题时，人们常把现状、历史、理论三者并提。研究理论和现状的重要性是用不着多说的。为什么在这以外还要加上"历史"呢？它们之间的相互关系是怎样的？

先拿现状来说，历史是现状的由来。

人们往往容易有一种错觉：仿佛生活都由自己开始，而历史只是已经过去了的事。其实，现实生活中的一切都是历史发展的产物。历史并不都是过去了的事，它常常就存在于我们的现实生活中。普通的生活常识告诉我们：当我们遇到一个人并准备同他相处时，光知道他今天的一些表现是不够的，还需要进一步了解他过去的环境和经历、他经常同哪些人交往、他的文化背景和性格特点、他在各个时期和各个方面有过怎样的表现、他遇到各种问题时通常会做出怎样的反应，如此等等。如果我们对他的这些历史情况了解得越具体越深入，那么我们对应该如何同他相处便越有把握了。这种了解，自然应该是具体的、可靠的，而不是粗枝大叶的或道听途说的。

同样，对一个国家也是如此。今天我们正在建设有中国特色的社会主义，必须懂得中国的国情，其中包括要了解中国的昨天和前天，了解中国今天面对的许多问题的来龙去脉，了解前人在中国这块国土上做过哪些探索和尝试，这些探索和尝试付诸实践后产生了怎样的效果，哪些是成功的，哪些是失败的，留给我们哪些有益的启发。这种背景对历史科学提出了许多新的重要课题。如果对这些历史情况有了更多更切实的了解，可以帮助我们今天在做出选择和采取行动时减少盲目性。这种对国情的了解，同样必须是具体的、可靠的、经过自己深思熟虑的，而不是一些笼统的印象、信手摘取的例证或主观的臆测。

再拿理论来说，历史知识可以给它丰满的血肉。

理论是历史和现实经验的逻辑的概括，自然是极其重要的。但任何高明的理论至多只能指出基本的和一般的东西。它在进行概括时，总得舍弃掉许许多多复杂的因素。它从无数"个别"中为了抽出"一般"的东西而略去了每一个"个别"不能不同时具备的"特殊"的东西。但在实际生活中，这种纯粹的"一般"状态几乎是不存在的。理论概括至多只能做到同实际大体近似，而现实生活远比理论所概括的要复杂而丰富得多。难怪列宁要一再引用歌德那意味深长的名句："我的朋友，理论是灰色的，而生活之树是常青的。"

我们常常看到，如果一个人只懂得书本上的理论知识，而缺乏实际工作经验和丰富的历史知识，看问题、办事情都容易把什么都看得很简单，以为天下事只要按照书本上说到的某一原理去做，或是照他自己想当然地设计的一套去办，一切都将迎刃而解。他们的思维方式常常习惯于依靠单纯的逻辑推理，采取由 A 到 B 的直线方式来达到目标，比较少考虑那些在他看来是非主要因素的作用，在作风上也容易近于浮躁。这对缺乏实际生活经验的人说来，是难以过多责备的。而现实生活却远比他从书本上得来的一知半解要复杂得多，大量最初被人们忽视了的次要因素在实际生活中都在起作用，有时甚至会起重要的作用，未必像他原来设想的那么简单。这才是真实的生活。人们常常要在实践中吃过多次苦头、付出多次代价后，才会对这一点留下深刻的印象。这里，有经验同没有经验确实是大不相同的。"赵括谈兵"，再谈得头头是道，照此去办，仍难免要误大事。

大家都承认，实践是检验真理的唯一标准。历史知识所记录下来的，正是前人世世代代在社会实践中积累下来的丰富经验。某种意义上也可以说，历史知识是人类社会实践经验的总汇。多少年来人们往往热烈地追求完美理想的实现，以为这种理想一旦成为现实，种种不合理的因素都将随之消逝。这种愿望鼓舞着人们积极进取，在历史上常常起着积极的作用。但在现实生活中，社会理想十全十美地实现几乎是不存在的。生活有着自己的逻辑，它总是处在整个发展过程中的一个特定的阶段，表现出复杂的过渡性和双重性。不然，人类历史的进步就未免太容易了。一种正确的符合实际的理论或主张，不仅是从道理上谈论应该如何如何，还要充分考虑实际生活中存在哪些制约因素，周密地研究在现阶段可能达到的程度和实行的方法。这是每一个对国家和民族有强烈责任心的人应持的严肃态度。否则只是书生之见，甚至是不负责任的议论。多读点历史，我们常会感到，在自己面前展现出一幅幅生动的画面：古往今来众多的思想家和政治家设计了那么多理论观念或政治方案，可是，不管设想得如何圆满，一旦实行起来，总会受到许多因素的制约，在各种合力的影响下，实践的结果往往不像原先设想的那样或不全是那样，即使稳妥的措施也不一定能完全实现，有时甚至会出现原来根本没有预料到的结果。像这样的历史事实实在太多了。对一个缺乏实践经验的人说来，这类生动具体的历史知识是十分宝贵的。

历史科学的研究对象是人类的历史，而人的一个重要特点是有思想，人们的行为是受他们的思想所指导或支配的。历史著作往往记录下人类历史上那些成功的优秀人物在面对无数棘手的矛盾时，是怎样思考和处理问题的，其中哪些取得了预期的结果，哪些在实践中不得不做出修正，或者遭到挫败，这些也能给我们以启发。所以，多读些优秀的历史著作（包括历史人物传记），多知道些具体丰富的历史知识，确实可以帮助我们增加智慧，使我们的思路更加开阔，思想变得更加切合实际，这不是哪一门理论学科所能完全代替的。世界上许多杰出的历史人物，包括毛泽东、丘吉尔等，往往对历史著作有着特殊浓厚的兴趣，并不是没有道理的。

学习和研究历史也可以说是一种思维训练。历史始终是一个发展过程。任何历史事件无非都是这个发展过程的特定阶段中出现的一种现象，都是可以分析和解释的，都不是绝对的和永存的。历史又是充满矛盾的运动，各种力量和利益相互冲突。人们在某一历史时刻做出行为选择时，往往面对的是有利有弊的双重后果，而且包含着大量的未知数。正确的选择通常是利大于弊而不是弊大于利，很难做到有利无弊、完美无缺。历史研究要求系统地多层次地研究问题，要求把总体性的宏观考察同局部以至细节的微观剖析结合起来，要求在历史比较研究中找出历史现象间的同点和异点，从相同处发现规律，从相异处发现特点。如此等等。显然，一个人如果有广阔的历史眼光、深厚的历史素养和锐敏的历史感，无疑可以提高思想素养，帮助他摆脱愚昧，摆脱小生产的狭隘眼界，摆脱各种短期性行为的观念，从而对他如何看待和处理现实问题会有深刻的影响。

因此，那种"历史无用论"的看法是没有什么根据的。至于现在有些青年朋友中产生历史有没有用的问题，这里有客观的原因，也有主观的原因。客观上，历史科学的发展在目前确实存在不少实际困难。从那种急功近利、单纯追求短期性行为的眼光看来，历史科学似乎是可有可无的，容易受到冷落。现阶段社会对历史专业人才的需要和容量也有一定的限度。从主观上说，当代历史科学工作者所处的社会大背景正在经历急速而深刻的变动，历史科学的现状却远远不能令人满意，存在着许多需要解决的问题，如脱离社会实际需要、研究视野过窄、方法陈旧等等。这些都亟待改进，否则就不能适应迅速发展着的时代的要求。

但这同"历史无用论"完全是两回事。不能设想：一个文明的民族竟然能够是没有历史感、不懂得自己历史的民族。大体上，文明发展的程度越高，这种需要也越多。只要人类社会存在一天，可以断言：历史科学在人类知识宝库中永远会占有其他学科不能替代的一席之地。

充分体现历史科学的特性，积极发挥它对现实社会生活的作用

强调历史科学的具体性这个特点，不等于说只要准确地叙述历史事实，特别是重大政治事件的经过就是它的全部内容了。史学工作者的任务不仅在于叙述，而且要对历史发展过程中的内在联系进行深入的思考和探讨，做出自己的分析和判断，特别是对一些有决定意义的关键性问题做出科学的解释。史学工作者的视野不应该局限于政治事件，而要更加开阔，包括各个时期的生产状况、社会结构、政治体制、文化心理以及它们间的相互关系等等。史学论著的体裁应该多种多样，从具体事实的考订、专门问题的剖析以至历史哲学的探讨等等都需要，尽可不拘于一格。但它的基本特性总是要用具体、生动、准确的历史事实来说话，如实地找出它的内在联系，并注意到围绕它周围的事物的全部复杂性，给人们以一种正确的历史认识。否则，它就不成其为历史科学了。

强调历史科学的具体性这个特点，也不等于可以忽视理论的指导作用。没有正确理论的指导，就连一个简单事实的来龙去脉也难以做出清晰的有条理的叙述，更不用说透过复杂的历史现象，做出深刻的本质分析了。理论素养的高低，对一个历史科学工作者成果的大小来说，有如影之随身，到处都会表现出来。因此，我们一定要认真地学习理论，提高自己理论思维的能力。马克思、恩格斯等这些举世公认的抽象思维能力极高的经典作家的作品自然应该认真

学；世界上其他学者的学说和著作，只要包含有某些真知灼见，也都应该广泛地学习。但不能把理论当作现成的公式去套，马克思主义不能当公式去套，其他学说（包括西方学者具有某些合理因素的学说）也不能当公式去套。

理论必须符合事实，而不是事实必须符合理论。削足适履地把复杂多样的活生生的历史事实，硬生生地纳入某种借来的模式中去，看起来再新鲜，其实谈不上创造性的研究。历史研究工作总得首先充分地占有可靠的资料，把细心剖析头绪纷繁的历史事实作为自己工作的出发点，弄清它内在的脉络和线索，独立地判断，引出切合实际的恰当的结论来，而没有其他轻松的便捷的路子可走。这里，很使人怀念当年范文澜同志提倡的"板凳要坐十年冷，文章不写一句空"的那种"傻劲"。一般说来，一部作品对读者能有多少帮助是同作者自己所费功夫的大小成正比的。如果自己都没有下过多大苦功，写出来的东西要对别人能有切实的帮助是办不到的。

事物在不断发展，人们对事物的认识也在不断发展。历史科学的研究方法决不能因循守旧，应该不断革新和完善，包括广泛吸收现代社会科学各方面的最新成果。历史科学作为一种学科体系来说，应该是开放的，应该广泛地吸取哲学、社会学、心理学、人类学等方面的最新科学成果，相互渗透，来丰富自己的研究手段。但这里也会遇到两个容易令人困惑的问题：

第一，面对着堆满在我们面前的众多学说，究竟应该接受哪些，不接受哪些？我想只有一个标准，就是看它们能不能真正帮助我们更准确更深刻地理解和说明复杂的客观历史现象。它所能说明的问题越普遍越深刻，它的价值就越高。有些学说，即便它的根本体系未必可取，只要在某些方面有助于提高我们理解和说明问题的能力，也应该汲取。这种汲取，不是简单地搬用某些模式和术语，而是要使这种理论力量、观察问题的方法自然地融入我们分析和说明历史的实际过程中。如果一种学说看起来新奇可喜，却不能在我们具体分析具体问题时真正有所助益，或者只是换了一个说法，对问题的认识却没有得到深化，仍在原地踏步，那么，即便风行一时，时过境迁就会被人忘却，它的生命力是有限的。

第二，如何恰当地处理历史科学同其他学科的相互渗透性和它自身的主体性的关系？历史科学广泛地吸取其他有关学科的最新成果，自然是必要的。它可以使历史科学拓展自己的视野的研究领域，增强自身的活力。但这里也需要有一个适当的"度"。如果泛滥而无所归，乐而忘返，那也会淡化以至失却历史科学自身应有的特性，成为其他学科的变种或注解。历史科学在研究方法上有自己的一些特点，例如特别重视第一手的原始资料，重视史料的辨伪，特别强调以严格的编年研究为基础，看重历史发展的阶段性等。历史科学所具有的那种特殊价值，是其他学科所不应也无法替代的，恰恰相反，历史科学往往又是其他人文科学、社会科学研究的重要基础。也可以说，史学的这种特性，正是它的不可替代性所在。

历史科学工作者对现实社会生活应该采取积极关注和参与的态度。

尽管历史研究的专业各有分工，选题可以多种多样，对现实生活的参与也有直接和间接之别，但从根本上说，历史科学如果不能满足社会的需要，就会失去本身存在的价值。在历史研究工作中放在优先地位的，应该是那些能够启迪人们以历史的眼光更深刻地认识现实生活或者探索现实生活中那些"热点"来龙去脉的选题。

其实，就是对历史上的一些问题，要认识它也常常需要借助于对现实社会生活的理解。正如马克思所说："人体解剖对于猴体解剖是一把钥匙。"一个人对现实社会生活的奥秘，特别是其中的微妙之处理解得越真切越深刻，对历史的理解也往往会更中肯。对现实社会生活茫然无知或不甚了了的人，单凭历史上遗留下来的一点远不完备的文字材料（或者再加上一些遗物）来研究历史，发表的议论难免只是隔靴搔痒的书生之见。

当然，历史终究是过去了的事情，是在和今天很不相同的历史条件下发生的。熟悉你所研究的那段历史时期的时代气氛、社会心态、风俗习尚等等，需要花出很大的力量。这常是一个研究者的功力是否深厚的重要表现之一，也是研究历史问题的必要条件之一。要是离开这些而把今天的种种简单地加以比附，或者随意拿后世的经验去想象自己根本没有经历过的历史生活，猛一看似乎很有道理，其实离开历史的实际却太远了，会使人产生"下笔千言，离题万里"之叹。

选择历史研究作为自己的毕生任务，虽然可说是乐在其中，同时也实在是一件苦差事。我曾经同一位熟悉的哲学家开玩笑说：你们是高层次的，我们是低层次的；你们是在天上飞的，我们是在地上爬的。这自然是开玩笑的话，并不是在那里认真地讨论哲学和历史学之间的学科区别。但其中也有一部分是真话，我确实很羡慕哲学家们能够比较自由地张开思想的翅膀，在辽阔的天空中翱翔，不时锐敏地提出自己的创见，给人以许多启发。对那些好学深思、目光犀利、能给人以深刻启示的哲学家，我确实是由衷钦佩的。而我们研究历史的，也许积习太深，总想使自己提到的每件事"言必有据"，力求从一大堆甚至互相矛盾的原始资料中，经过披沙拣金的劳动，寻找历史的真实。挪动每一步都分外费力。此中甘苦，凡是干过这一行的大概都有所体会。但我倒没有因为在"地上爬"而丧气，反而以此自慰。这也许正说明各门学科各有各的特点，各有各的用处，各有各的存在价值。其实，研究历史的也得多一点哲学思想来武装自己的头脑；研究哲学的也总得以准确可靠的历史和现实的事实作为自己思考的出发点（更不用说需要有丰富的哲学史知识作为思想资料的准备了），这种思索和探求同样是十分艰苦的。两者各有各的特点，也许正好说明彼此的不能相互替代，而可以相互补充。

［本文系作者为《中国历史学年鉴（1988）》所写的专论，载《求是》1989 年第 14 期］

以求真的态度研究历史

一、求真是历史研究的前提

历史事实，这是历史研究的出发点。一个史学工作者必须尊重事实，以客观冷静的态度来观察和对待历史事实。是不是符合历史实际，这可以说是衡量历史研究成果价值的根本尺度。历史事实早已成为过去，研究工作者不可能重新直接地观察它。因此，尽可能系统而详细地掌握可靠的历史资料，特别是当时留下的第一手资料，是历史研究工作者首先必须做到的事情。离开这一点，就谈不上研究历史、更谈不上做出原创性的研究成果。

一般说来，你对一个历史时期或历史事件研究得越详细，就会越清楚地看出它是一个由各个部分互为条件而组成的有机整体，是一个前后连贯的发展过程。这样，你才有可能对它做出中肯的判断和恰当的分析，才有可能栩栩如生地把它重新展现在今天读者的眼前，产生强大的说服力和感染力。在这方面也许可以说，熟悉它是历史研究工作的基础，理解它是历史研究工作的关键。研究工作者花时间最多的通常是如何去熟悉它，所谓熟能生巧，厚积薄发；而研究成果水平的高低往往取决于是否理解它和理解的深度如何，有如前人所说："学而不思则罔，思而不学则殆。"勤奋不仅表现为苦学，而且表现为多思。要是没有这种严肃的治学态度，不肯先下这番苦功夫，只凭灵机一动就发起议论来，那就像无源之水、无本之木，终究是没有生命力的，没有多大价值的。

怎样才能熟悉和理解你所研究的对象，使你的主观认识符合于客观实际？对现实生活中的问题，可以从调查研究入手，到实践中去检验；但对以往的历史，特别是离今天较远的历史，就很难再去进行调查研究，更谈不上重新身历其境去考察和实践了。作为研究的依据，主要是历史上留存下来的杂乱繁多而又往往残缺不全的史料。通过这些史料作为中介去研究历史，这是历史科学在研究对象和手段上有别于其他学科的重要特点。

史料是历史事实的反映，也可以说历史事实的记录。但不少历史情况未必都有资料留存下来，即便留下的大多数文字资料又难免有当事人或后人的主观因素掺杂在内，有一些甚至可能是有意歪曲或掩盖事实的。因此，经过史料作为中介所反映和记录的，是否就是历史事实的全部，甚至是否都是历史事实的真相，还很难说，常常只能把它看作历史事实的曲折反映，而不能把它和历史事实直接等同起来。这又增加了历史研究工作的难度。梁启超当年在《中国历史研究法》中就已感叹地说："往古来今之史料，殆如江浪淘沙，滔滔代逝，盖幸存至今者，殆不逮吾侪所需求之百一也。其幸而存者，又散在各种遗器遗籍中，东鳞西爪，不易寻觅；即偶寻得一二，而孤证不足以成说，非荟萃而比观不可，则或费莫大之勤劳而无所获。其普通公认之史料，又或误或伪，非经别裁审定，不堪引用。又斯学所函范围太广，各人观察点不同，虽有极佳良现存之史料，苟求之不以其道，或竟熟视无睹也。合以上诸种原因，故史学较诸他种学科，其搜集资料与选择资料，实最劳而最难。"这实在是深知其中甘苦的经验之谈。

　　还历史以本来面目，努力写一部真实可靠的信史，这是每一个严谨正直的史学工作者应有的科学态度，也是他们一心追求的目标。面对着前面所说的复杂情况，就要求史学工作者必须有严谨的扎实的治学态度，使自己的论述尽可能建立在经得起检验的历史事实的基础之上。因此：

　　第一，需要经过长年累月、孜孜不倦的积累，肯下苦功夫，尽量掌握可靠的第一手资料，从这些杂乱繁多的史料中找出它的内在联系，连贯起来进行考察和思索，把它的头绪脉络理清楚，努力使当年的历史情景作为一个整体在自己眼前得到活生生的重现。

　　我和胡绳武教授曾合写了四卷本的《辛亥革命史稿》。在阅读史料时获益最多的是两处：一是用了多年时间，系统地认真地逐期阅读辛亥革命时期革命派和立宪派的大部分刊物、逐日阅读了民国初年的几份重要报纸，除言论和报道外，对这些报刊上的插图、诗歌、小言论以及广告等等都没有放过，这有助于感受当时的时代气氛和民众心理；二是大量地广泛地阅读全国各地的文史机构征集的当事人所写的回忆资料，特别是注意他们所描述的当时社会状况、不同阶层人物的思想发展动向、重要历史事件的关键性细节等。这些，未必都能在写作中用进去。但经过这样长时间的对大量原始资料的系统接触，80多年前在中国发生的这场全国规模的革命运动在自己头脑里不再只是一桩桩孤立的事件，更不是一堆抽象的概念或前人早已做出的结论，而是一幕幕生气勃勃的激动人心的宏伟历史场景，是一股奔腾不息、一环紧扣一环地向前发展的历史洪流，当然这里也包括许多令人痛心的历史教训，到这时才敢下手加以描述和评论。比较起来，为了熟悉和理解它所花的时间，要比写作的时间多得多，就像十月怀胎和一朝分娩的关系那样。但下这样的笨功夫是完全值得的。事实上，一旦对历史事件本身觉得比较熟悉和理解了，感到不吐不快，写起来倒比较容易。反过来，如果自己对所要论述的历史事实的了解，还处在若明若暗的状态，自己的心里还是虚的，那又怎么敢大胆落笔呢？

第二，对接触到的大量史料，还要进行考证鉴别，下一番"去粗取精，去伪存真，由此及彼，由表及里"的功夫。

每个史学工作者大概都遇到过这种困惑：对同一个事实在历史资料中却有着不同的记载，有时甚至大相径庭。对这些记载的不同，就需要经过细心观察，做出自己的判断。治史者常常需要不抱成见地仔细比较：哪些是来自同事件有密切关系的当事人的直接叙述（当然，也要注意到有些当事人出于个人利害关系而有意掩盖事实的真相），哪些只是得自间接传闻的未必可靠的记载；哪些是出自比较可靠的当时文件、档案、书信、日记、报道，哪些是出自时间很晚的未必可靠的记载（即使是当事人多年后的认真回忆，在细节上也难免会有失误之处）；哪些是能获得多方印证的，哪些是同其他重要资料都相抵触的孤证；有的还需要依据当时整个情况和事情的前后脉络线索来推断，哪些是合乎情理而比较可信的，哪些是难以置信的。一般说来，当事人在当时留下的史料（通常称为第一手资料）是比较可靠的，但也不能把这一点看得绝对化了，事实上常有例外，当遇到可疑之处时，仍需做考证鉴别的工作，需要在史学方法上受过严格训练。在这方面，前辈学者运用得十分熟练的考据方法仍然是有很大价值的，因为对历史的叙述、分析的评论必须建立在准确可靠的事实基础上，如果连基本事实都弄错了，那样的叙述、分析和评论就像建立在沙滩上的大厦，一推就倒，还有什么价值可言？做这种考证鉴别工作，有时相当琐碎麻烦。考证鉴别的过程，在研究成果上也未必都直接表现出来，但它对历史研究来说却是不可少的。下这样的笨功夫，同样是值得的。

一部作品对读者能有多少帮助，往往同作者自己所费功夫的大小成正比。如果自己都没有下过多大功夫，写出来的东西要对别人有很大帮助是不可能的。而且下了这种功夫不仅对眼前这项研究有益，养成了踏实细心周密的治学习惯，以后在哪里都有用。

前面所说的史料，主要是指文字记载。历史资料还有一个重要方面，就是古代的实物遗存。由于它是当时的实物遗存，所以是准确可靠的，而且具有形象直观的特点。它的作用，常常是文字材料难以替代的。对文字记载十分缺乏的上古历史，它的重要性更不言自明。王国维早就创立了这种利用地下出土新资料来验证补充传统文献资料的"二重论证方法"。我曾在文物出版社工作过十年，当过出版社的总编辑。因为自己原来是学历史的，对文物考古工作接触得越多，就越强烈地产生一种感觉：一个历史工作者，如果不能熟悉并运用丰富的文物考古资料，只是把自己的知识局限在文献的范围内，是很难对历史上的中国，特别是古代中国有一个真切的了解的。

这种例子举不胜举。随便来说，河姆渡新石器文化遗址的发掘，使人们认识到长江流域和黄河流域同样是中国古代文明的摇篮。大汶口新石器文化遗址以及它同仰韶文化遗址对比，使人们对古代传说中的华夏和东夷的相互关系，对山东地区在中国古代历史上所占有的特殊重要的地位获得了新的比较实在的知识。有些学者根据考古发掘材料的排比，认为夏文化分布在河南的中、西部和山西的西南部，商文化是从河北中部逐渐向河南发展，同夏文化融合，周文化则起于陕西关中平原的西部，又接受已进入关中地区的商文化强烈影响演变而成的，这些看法都能给人新的启示。有些学者根据考古发掘材料的鉴定和排队，认为铁器的冶炼和使用开始于春秋后期而盛行于战国初期。这有助于论述中国古代奴隶社会和封建社会的分期问题。对我来说，就觉得比那些只从文献中进行考证的文章有说服力得多。再如，马王堆一号汉墓出土那么多精美纺织品和漆器等等，也使人改变了原来从《史记》获得的那些印象，而对汉代长江流域的经济发达程度有了新的了解。还有银雀山竹简、马王堆帛书、居延汉简、吐鲁番文书等这些古文字材料的重要价值，就更不待言了。

至于离今天还不很远的这几十年的历史，口述历史资料的征集是十分重要的。我在主编《周恩来传（1898—1949）》的过程中，曾经访问过一百多位同周恩来有过比较多直接接触的人。他们所谈的内容，常常可以补充许多留存下来的文字记载中没有见到过的事情。如果在访问前做好比较充分的准备，了解现有的文字记载中还有哪些重要问题没有说到或使人存在疑问，做到心中有数，有针对性地提问，这样，收获会大一些。由于被访问者是这些历史事件的亲身经历者，即使他所谈的内容在原有的文字记载中都说过，但他叙述时所表达出来的感情，他认为哪些事实是具有关键意义的、他对这件事实同那件事实之间有什么联系的理解，也常常能给你很大的启示。这往往是没有这种亲身经历的人，单从前人的文字记载未必都能准确把握住的。现在，国内外历史学者对口述历史资料的重要性越来越注意，这是很可喜的现象。

所有这一切，目的都是为了求真，力求按照历史的本来面目去研究它。真实性可以说是历史学说能在社会生活中发挥作用的基本根据，也是史学工作者对社会应负的责任。合理的虚构在文学创作中是允许的，在史学论著中却是决不允许的。为了某种需要而随意歪曲或伪造历史，更是可鄙的。

德国著名历史学家兰克说过，要"弄清历史事实发生的真相，按照历史的本来面目写历史"，使写出的历史"如其实在所发生的情形一样"。当然，历史终究是早已过去了的事情，保存下来的历史资料是有限的，后人又往往容易不自觉地根据自己的经验去理解他所没有经历过的历史上的事情，正如前人所谓"以今律古，而不知所拟者全非其伦也"。因此，要使写出来的历史完全"如其实在所发生的情形一样"，也许是不可能的。但历史事实毕竟有它不以人们的主观意识为转移的客观性，一个不抱浓厚偏见的史学工作者要做到使自己写出来的历史尽量贴近"实在所发生的情形"，仍然是可能的，这就需要肯下脚踏实地的功夫。

史学工作者从他所叙述的历史事实中，需要做出某些结论，有时也要发点议论，但都应该有扎实可靠的事实为基础，在求真的前提下进行。这里很用得着毛泽东的一句名言，要"有实事求是之意，无哗众取宠之心"。如果经过反复的研究，事实的确是这样，那么不管你是什么权威的结论，传统的说法，错了的统统可以推翻，断然用新的结论去代替它。反过来，如果不是先花力气去细心地研究事实，从大量事实基础上引出结论，而是灵机一动，或者单凭推理，想出一些新的提法来，再摘引一些适合自己需要的历史资料来补充早已在自己头脑中构成的框架，这样写出来的东西立论纵然新奇，也难以把科学推向前进。

二、历史研究要有正确的理论指导

我们研究历史，不仅要回等一个"是什么"的问题，还要回答它"为什么"如此。事实材料是无限的，看起来似乎是散乱的，但又有着深刻的内在联系和因果关系。史学工作者的任务不仅在叙述，而且要对历史发展过程许多复杂现象的内在联系进行深入的思考和探讨，理清它的脉络线索，抓住要领，做出自己的分析和判断，特别是对一些有决定意义的关键性问题做出科学的解释，起到益人神智的作用，这就要求史学工作者能有敏锐的悟性和思维能力。

我们常常看到一些论文或著作，引用资料是丰富而翔实的，叙述也是清楚的，但缺乏思想，不能从丰富的事实材料中做出新的理论概括，也不能对问题进行透辟而切合实际的分析，更不能给读者以"益人神智"的启发。这样的论著也是有用的，但很难说是高水平的第一流作品。对一个开始从事研究工作不久的学者来说，能写出这样的论著是可喜的。但如果长期停留在这个水平上，不能更上一个台阶，它的发展前途是有限的。而要做到这一点，就需要有正确的理论做指导。

一个史学工作者如果没有正确的理论指导，就连一个简单事实的来龙去脉也难以做出清晰的有条理的叙述，更不可能透过复杂的历史现象做出深刻的分析。有理论素养的人还善于从"个别"中发现"一般"，不仅把某一个具体问题研究透，并且能从中领略到一些普遍的带规律性的认识，富有启发性，使读者读后能收到以小见大、举一反三的效果。总之，理论素养的高低对一个历史科学工作者说来，有如影之随身，到处都会表现出来。因此，我们一定要认真地学习理论，锻炼并提高自己理论思维的能力。

在众多的理论学说中，只有马克思主义，才使历史科学真正变成科学。这并不是一句套话。像我们这一代史学工作者，一般都是在解放前进大学的。原来所受的教育自然不是马克思主义的。今天流行的许多西方学说如弗洛伊德、尼采、叔本华、汤因比等，我们那时多少也接触过。它们不是一点合理因素也没有。相反，在某些问题上提出的见解是相当深刻的，是能够给人以启迪的。但无论他们中的哪一位终究都无法从根本上说明历史。我们只是在接触马克思主义以后，做了比较以后，才觉得眼前顿时打开了一个新天地，原来千头万绪的历史现象似乎一下子变得井井有条，能够从根本上得到科学的完整的解释，并且在实践中证明了它的正确，这是任何学说都无法比拟的。

这里，我想讲一下历史研究中必然性和选择性的问题。

几年前去日本参加一次学术会议时，有位学者告诉我存在这样一种看法：说外国学者着重研究的是选择性，而中国学者着重研究的是必然性，这是两者间的重大区别。我当时对他说：这种提法未必适当，也并不符合实际情况。我那时举出的理由大致有这样两条：

第一，人类历史发展的规律同自然发展的规律有很大的不同，离不开人的有意识活动。由于社会现象是复杂的，人们在历史发展进程中通常总是面对着两种或多种可能性，可供选择的对策也绝不止一种。一般说来，取得成功往往基于做出了正确的选择，失败往往基于做出错误的选择。在这里，进行选择并做出决断的主体的作用是重要的。某些历史人物所做出的选择正确与否，往往直接改变历史发展进程的具体面貌。如果历史前进的每一步都只是刻板地按照某种注定了的公式演变，没有两种或多种可能性，人们所做的判断和选择无关重要，那就成了可笑的宿命论了，同客观的历史进程和马克思主义对历史研究的要求全然不符。从这种意义上说，中国的历史学者同样十分重视选择性的研究。

　　第二，任何一个伟大的历史人物又都不可单凭自己的自由意志和主观愿意去随心所欲地进行选择，也不可能是在他自己自由选定的环境中进行创造。主体和客体从来是无法分开的，除非生活在梦幻中。人们只能在现成的客观历史条件许可的范围内有限度地发挥主观能动作用。他必须努力使自己的选择尽可能符合客观实际，符合历史前进的方向。为什么这一种选择是正确的，能够导致成功，而另一种选择是错误的，只能导致失败？相当程度上取决于他所做出的选择是否符合实际，是否符合历史潮流发展的客观趋向。当然，也还要看他取得成功的客观历史条件是否已经成熟。在这些问题背后都有看不见的客观规律性悄悄地在起支配作用。从这个意义上说，选择性和必然性不是根本对立的。中国的历史学者十分重视必然性的研究，注意透过充满偶然性的复杂现象去抓住决定历史发展方向的必然性的基本线索，是完全合理的。

　　话虽那么说了，但那位学者提出的问题，多年来一直萦绕在我的脑海里。他的话并非一点道理也没有。

　　在我们的历史论著中，用简单的方法来处理复杂历史现象的状况确实太多了。按照这些论著的叙述，历史的发展仿佛再容易不过，一切都是当然的。取得成功的历史人物在做出决断时，似乎不需要设想多种方案，经过反复的比较甚至痛苦的思索，才能下定决心。他对形势仿佛一下子就能做出正确的判断，采取正确的对策。而他选定的方案一旦实行起来，似乎又总是一帆风顺，不会遇到原来没有预计到的各种问题，从而在实行过程中不得不做出程度不同的修正或改变。这些论著在指出他们的失误时，又往往是判决式的，缺乏具体分析，没有认真考察他们当时为什么会做出这种错误的选择而还自以为是，这同当时的客观环境和这些历史人物的主观因素又有哪些关系。那种简单的而不是入情入理的判决式结论，自然难以使人心服，有时甚至会产生误解，以为马克思主义的历史研究方法就是鼓励那种简单化的直线式的研究，从而败坏了它的声誉。

其实，马克思主义对历史研究的基本要求，从来就是从实际出发，对具体事物进行具体分析。客观历史本身比人们在书斋中所能设想的不知要复杂多少倍。每个历史人物的思想和行动，都不能不受当时客观环境的制约。人们在某一历史时刻需要做出行为选择时，往往面对着各种选择都各有利弊的双重后果，而且包含着大量的未知数，正确的选择通常是找出显然利大于弊的做法，便下定决心去做，同时力求对可能遇到的不利因素加以防止或限制，还要准备付出一定的代价。何况人的认识能力总有一定局限，面对着由许多侧面组成的复杂事物，面对着包含许多未知数的难题，特别是面对着缺乏经验的新的课题，人们很难在短时间内把这些都看清楚，有时难免会产生困惑或迷惘，或者需要在实践中经过反复探索，总结成功和失败的经验教训后才能看清楚，在进行过程中调整原有的想法和部署，决不像后人回过头来议论时那样轻松、那样看得明白。在那种情况下，要做出完善的决断实在不是一件容易的事情。选择的难处就在这里。偶然性在这里可以起很大的作用。

一部科学的历史著作，理应按照历史的本来面目，以马克思主义的辩证方法，如实地告诉读者：伟大历史人物是人而不是神，他在处理种种棘手的问题时同样经历过种种甘苦。历史著作应该用历史的眼光，根据实践结局的检验，使人们看到怎样的选择会导致怎样的后果，懂得在客观历史进程中怎样才能恰当地发挥人的主观能动作用，而不流于空想或盲动。这才是活生生的历史。读这类充满生动细节的历史著作，才能真正帮助读者从中受到启发，"益人神智"。马克思的《路易·波拿巴的雾月十八日》、恩格斯的《路德维希·费尔巴哈和德国古典哲学的终结》等，不正是这样的著作吗？

这样说来，对选择性研究得不够，又确是我们不少历史论著中常见的通病。我们应该下决心抛弃这类常见的通病，写出更多的真正在马克思主义指导下对历史进行具体分析、令人感到面目一新的著作。这丝毫不意味着可以削弱对必然性的研究。恰恰相反，那样才能真正再现出那幅丰富多彩而又服从于一定规律的历史过程的真实面貌。

我们说要在马克思主义指导下研究历史，是不是意味着对非马克思主义的各种理论学说一概采取抵制和排斥的态度？自然不是。马克思主义是发展的。发展的来源主要有两个：一个是从新的实践中不断做出新的理论概括，这是最根本的；还有一个是要吸取马克思主义形成后的一切科学的研究成果，包括非马克思主义的科学研究中的合理成果来丰富自己，也就是说，应该把人类的一切优秀文化遗产都继承下来。

（本文节选自《史学家自述》，武汉出版社 1994 年版）

行万里路

王素莉：今年是中国共产党成立 100 周年的重要年份，全党开展党史学习教育，从党的历史中汲取前进的智慧和力量。您已年过九旬，又一直力求读万卷书，行万里路，请您从这方面结合多年研究和工作经验谈谈党史学习和研究的认识论、方法论。

金冲及：学习和研究百年党史，的确有一个认识论和方法论问题。这是个大问题。你刚才谈到"行万里路"，我想就这方面谈一点个人的体会。作为党史研究工作者，我们跟一般旅游者不完全一样，除了瞻仰前人奋斗的遗迹外，还要从中了解党的有关历史究竟是怎么走来的，为什么会这样走。

比如说皖南事变，新四军军部及所属皖南部队，在遵照国民党当局的命令向北转移途中遭到国民党 8 万多人突然围攻。我参观过云岭新四军军部，如果只看了军部有哪些部门、是在哪个房间办公的，对我了解皖南事变的帮助还不够，就要求过青弋江，先看看陈家祠堂，再到战斗遭受严重挫折的石井坑。以往去看石井坑的人大概不多。结果到那里一看，感觉真是大不一样。记得有一次去看陈丕显同志，谈到皖南事变。他谈了项英同志对新四军的贡献后，又说他的一个很大缺点是犹豫不决。新四军从云岭出来以后要过青弋江，因为铺渡桥准备工作没做好，很多人掉江里浸湿了衣服。过了江就是陈家祠堂，在这紧要关头花了一整天时间在那里烤衣服和讨论下一步怎么走。这时国民党 8 万军队调过来要消灭你，你还在争论，还要把衣服烤干了再往前走。

再往前走，我们就到了石井坑。到现场一看，那里的地形很特别，两边都是高山，进去是一个很窄的口子，里面相当宽大，出去的地方又是一个很窄的口子。新四军 9000 多人往那里一进，国民党就把前后的口子一堵住，居高临下地从四周山上压下来，突围确实很难。叶挺主张在这种情况下，只有当机立断，强行突围。项英又害怕牺牲太大，犹豫不决。结果，敌军兵力进一步加强，牺牲更大。否则新四军怎么会牺牲了 7000 人，只突围出去 2000 多人。到实地一看，肯定是这个结果！所以，如果要去看皖南事变，一定要过青弋江，看陈家祠堂，再到石井坑。

王素莉：实地考察是研究党的历史必不可少的方法，研究和学习党的历史，不仅要知其然，还要知其所以然。

金冲及：我到赣南瑞金去时，要求去大柏地，一般去那儿看的人也很少。1929 年早春，毛泽东和朱德、陈毅等率红四军主力3600 多人离开井冈山，向赣南前进。敌军重兵围追，红军五战皆败。为什么到了瑞金以北的大柏地，能打了个大胜仗，扭转了困局？到那里看就知道，瑞金以北一路都是平地，到了麻子坳地形变了，两边是高地，中间这个地方有一个很窄的口子进去，像个口袋。国民党追兵刘士毅部因胜而骄，大摇大摆地往里进，结果红军在这里已有准备，打了一个伏击战，打了个大胜仗。

再比如到陕北青化砭。这是 1947 年国民党军队占领延安后，解放军打的第一个大胜仗。我们的部队在那里埋伏了 3 天，打了一个伏击战。为什么国民党军队一定会走上这条路？胜利的原因是什么？只有到实地去看看。从延安出发到榆林，向东转北就只有这条大路。国民党军队兵力多，又有许多重装备，不能从小路或大田里走，必须走大路。青化砭是这条大路上最便于对敌军打伏击战的。国民党军队占领延安后，根本搞不清解放军主力转移到哪里去了。当年有两个方向，一个是向东，一个向西，他们大概先向西探了一下，又掉头向东走。我们的部队等了他们3天终于来了，就是解放军统帅判断他们一定要走这条路，早就做好准备。

我们要读万卷书，要行万里路。这个万里行不仅仅是为了找一些父老乡亲问问情况，更重要的是亲眼看一看，当时的地理情况怎么样，人文环境怎么样，你就明白为什么战斗是这样布局，为什么成功，为什么失败。打起仗来，很重要的一条是侦察地形。

王素莉：您结合实地考察经验给我们讲述当年的战况，不仅使我们知道仗为什么要在这里打，应该怎样打，还使我们从中学习了如何学习和研究党史的科学方法。

金冲及：你一开始就谈到治史的认识论、方法论的问题。我想这方面最重要的是要努力弄清当时复杂的实际情况，力求一切从实际出发，那就是唯物论。其实，当年的解放军将帅们正是这样做的。《粟裕战争回忆录》讲苏中战役七战七捷的第一仗时，为了选择首战的打击目标，根据敌我双方的情况和地形、时机，从三种设想中选定了先打宣泰，同时也周密考虑如何应对其他几个方向和局势可能的进一步发展，据此做出选择和决断。这不是研究者事后到现场去看一下就能完全明白的。但如能去看一下，也能加深理解。至于有些书把作战写得好像都是在平地上打的，或一切都是指挥者早就规划好，那就更需要到现场去观察和分析，来补充以至校正原来的认识。

王素莉：读万卷书，行万里路，要把这两者结合起来才能成为研究百年党史的好方法。在 2014 年、2015 年，我曾陪同您两次重走长征路，先后到了贵州的猴场、遵义、乌江、娄山关、赤水河、古蔺、叙永石厢子；四川的安顺场大渡河、泸定桥，夹金山，松潘草地，懋功；甘肃的腊子口、哈达铺、会宁。每到一地，您就如数家珍地回顾当年红军长征的历史和实地考察后新的感受。

金冲及：这两次重走长征路，给我留下深刻印象。我们先到的是贵州，那就从中央红军突破湘江后进入贵州说起吧。中央红军进入贵州，是多种力量相互制约和相互作用的结果。一是中央红军的实力。在突破湘江后，中央红军已从最初的 8.6 万人锐减到 3 万多人，前后实力悬殊。二是国民党"追剿"部队尾追。三是军阀内讧，桂系军阀联合广东军阀同蒋介石争夺贵州的斗争，使他们不能在贵州全力对付红军。

王素莉：从老山界开始，中央红军的前进方向引起激烈争论。当时担任李德翻译的伍修权回忆说：部队进到通道地区时得到情报，蒋介石已知道我们的意图是与红二、六军团会合，在我们前进方向布置了 5 倍于我的强大兵力，形成了一个大口袋等我们去钻。

金冲及：毛泽东主张要避开敌人布下的网，只有向贵州前进。贵州是黔军王家烈的地盘，他的部队又是"双枪兵"（钢枪与烟枪），战斗力很弱。红军只有择弱军打，向贵州前进，才能渡过危机争取主动。黎平会议通过的《中共中央政治局关于战略方针之决定》明确提出：政治局认为新的根据地应该是川黔边区，最初应以遵义为中心地区，在不利条件下应该转移至遵义西北地区。李维汉回忆道："这个决定非常重要。它既使红军避敌重兵，免遭灭顶之灾，又能放开自己的手脚，打运动战，主动消灭敌人。"陈云在半年后向共产国际书记处报告时说：在进入贵州后，"红军已不再是经常不断被敌人攻击、四处逃窜的部队，而成了一支能战能攻的有生力量"。

王素莉：方向决定前途，决定命运！黎平会议确定的方针，使中央红军开始从被动转向主动。

金冲及：正像毛泽东预先估计的那样，接下来的战斗打得很顺利。黎平会议后，红军沿苗族聚居的清水江西进，3 天内接连占领黔东商业重镇镇远和施秉、黄平，这是几个月前红六军团走过的"原路"。但此后走的路就不同了：红六军团转向东北，在仙桃同贺龙的红三军（后改红二军团）会师；中央红军却直抵乌江，要去创建川黔边根据地了。此时，蒋介石也在调兵遣将。薛岳率吴奇伟、周浑元部的 8 个师一直在湘西的芷江、黔阳一带按兵不动，当红军转向乌江前进时，他们才向西开进到镇远、施秉、黄平地区，但不是向北追击红军，而是向西直奔贵阳。同急行军援助黔军的桂系军阀抢夺贵阳的控制权的矛盾中，蒋介石、薛岳一时顾不上正向乌江前进的中央红军了。乌江的确是天险，黔北军阀侯之担自我壮胆地说："疲惫之师，必难飞渡。"1935 年 1 月 1 日，中央红军决定在江界河、回龙场、茶山美等几个渡口抢渡乌江。6 日，中央红军全部渡过乌江，并乘胜快速追击。

我们去乌江回龙场、江界河渡口，看到渡口两岸都是高山，过江必须先从南岸下很长一段陡峭山坡才能到达岸边。现在江界河筑了水坝，水面大大变宽了，看不出来当年那样陡峭的地形了。回龙场也受影响，水流不再那么湍急了。当时我沿着回龙场渡口往下走，你怕不安全，硬是把我喊上来。但在下面的陡坡上，我实地看到了乌江水面。回龙场渡口不宽，只有 80 米左右，但也有利于红军过江。

王素莉：6日中央红军全部过了乌江之后，7日就占领了遵义，紧接着就马不停蹄地攻打娄山关和桐梓。我们登上娄山关，真正体会到红军"雄关漫道真如铁，而今迈步从头越"的豪迈英雄气概。

金冲及：红军飞速奔袭遵义的途中，侯之担的"双枪"（钢枪和烟枪）部队实在不经打。当时，天正下着大雨，一部分红军随即改穿缴获的国民党军服并带着俘虏冒雨赶到遵义城下，自称是从外围败退下来的侯部，骗开城门，红军大队随即开入城内。侯部3个团弃城而逃，遵义城不战便得到解放。

杨成武率红四团随即出发北上，迅速占领娄山关和桐梓。我们到娄山关登上主峰点金台登高望远，娄山关四周山峰环立，川黔公路由南至北盘旋从两峰之间通过，形成非常狭窄的通道。若是川军从川南到黔北，占领娄山关，遵义城便无险可守。攻下娄山关，占领桐梓，使遵义北面的安全得到了保障。此时的蒋介石和西南地方势力正在争夺贵阳控制权，一时无力顾及黔北。这就使中央红军能在遵义比较平静地得到休整。更重要的是，中共中央在这段时间内在遵义从容地召开了政治局扩大会议，即遵义会议。

王素莉：您特别强调遵义会议后"新传统的形成"，党的实事求是、群众路线、独立自主这三方面形成了新传统，异于过去"左"倾教条主义路线的新传统，从遵义会议后逐步成为全党的共识。

金冲及：遵义会议"在党的历史上是一个生死攸关的转折点"，这是1981年《历史决议》的评价。任何重要历史事件都必须把它放在整个历史发展的长时段过程中来考察，才能真正理解它的意义。陆定一同志在1944年讲解遵义会议决议时说：军事问题的讨论是放在第一位，但会议的本质是反机会主义的开始。毛泽东同志在1963年同外宾谈话时更明确地说："真正懂得独立自主是从遵义会议开始的。这次会议批判了教条主义。教条主义者说苏联一切都对，不把苏联的经验同中国的实际相结合。"这次会议解决了中国共产党面对的一个根本问题：究竟一切按照共产国际和"左"倾教条主义的指挥行事，还是独立自主地从中国的实际出发，走自己的路。会后，党和红军立刻呈现出全新的面貌，显示出强大的生机和活力。

王素莉：1960 年 5 月，毛泽东会见蒙哥马利。蒙说："我读了你的军事著作，研究了你指挥的战役，特别是三大战役，那可是你的得意之笔。"毛泽东一摆手说："不，那不是我的得意之笔，我的得意之笔是四渡赤水。"四渡赤水，实际上也是国共双方领袖智慧的较量。

金冲及：领袖一定要有战略思维能力，这种能力包括两个方面：全局性眼光和敏锐的预见性。1935 年 12 月 23 日，毛泽东为中共中央政治局起草的《关于军事战略问题的决议》中就写道："拿战略方针去指导战役战术方针，把今天联结到明天，把小的联结到大的，把局部联结到全体，反对走一步看一步。"人们观察和认识事物，通常只能从一个局部开始，但决不能停留在这里。必须把各个局部综合起来进行分析，形成整体的观念，并且弄清那些局部在全局中所处的位置以及彼此间的联系，才能正确地指导战争和工作。

正如你所说，战争是双方领袖智慧和执行力的较量。研究红军长征的历史时，也要研究国民党同时期的历史，必须注意它们之间的互动关系，如果眼光始终只对着其中的一个，就难以对那段历史有全面、真实的了解。蒋介石在牢牢控制贵阳后，随即进行"围剿"中央红军的部署，薛岳率"追剿军"和王家烈的黔军迅速向黔北开来，川军、湘军、滇军也密集进入这一地区。国民党几路军队在这个地区总兵力集中了约40万人，而红军仅有3.7万多人。这种异常形势，使中央红军当机立断迅速做出新的决定，改变原来在黔北建立根据地的打算，撤离遵义，开始北上，准备北渡长江，逐步同红四方面军会师。

王素莉：毛泽东在八大预备会议上说，自己指挥的土城战役是"走麦城"，北渡长江计划仍难以实现，而红军一渡赤水，向川南古蔺和叙永方向前进，打开一个新的局面，使红军转危为安。

金冲及：我们去了"四渡赤水"土城战役纪念馆，登上建有红军烈士纪念碑的青杠坡，当地同志向我们指点当时川军四周合围进攻的几处山头。中央红军对川军的兵力和战斗力估计不足。杨尚昆回忆道："彭总发现敌军的兵力不是原来预计的4个团，而是3个旅近9个团。"这是一个危险的时刻，军委当机立断，迅速脱离战场，西渡赤水，改变了原来从这里北上渡江的计划。我们去看了土城一渡赤水的渡口，河面宽约200米，河滩很平缓，两岸没有乌江天险那样的悬崖峭壁，这是红军能够四次顺利渡过赤水的自然条件。一渡赤水后，川军继续尾追。红军进入滇北的扎西地区。滇军也北上，准备与川军会合在那里同中央红军决战。毛泽东决定迅速转兵向东，从太平渡二渡赤水，再到黔北敌人薄弱地区。红军这次突然回师黔北，改以消灭战斗力薄弱的黔军为主要目标，这是国民党军完全没有想到的。

王素莉：当时，不少红军指战员对放弃北上渡江的计划，在赤水河转来转去很不理解，中革军委《告全体红色指战员书》中做说服工作：拒绝没有把握冒险战斗。经常转移作战地区，有时向西，有时向东，有时走大路，有时走小路，有时走老路，有时走新路，唯一的目的是要在有利条件下，求得作战胜利。我曾经四次去叙永、古蔺考察，在赤水河上来回过了十几次，试着体会当年红军战士往来穿梭于赤水河时的心情。

金冲及：那时候的心情很紧张啊，不像现在写历史时那么轻松。只要弄错一次，一下被敌人包围，就有全军覆没的可能。有一次我听杨尚昆同志讲，那时候不要说士兵有抱怨，就是我这个军团政委也不清楚这样在赤水河上转来转去的意图是什么。至于蒋介石，自然更迷惑不解了。他判断：红军"必向东图"，出湘西同红二、六军团会合。所以，中央军、川军、湘军、黔军都向东调集到赤水河和乌江之间集中，准备在那里同红军决战。然而，红军的行动更加飘忽灵活。在多路国民党军队增援准备夹击的情况下，红军却在茅台及其附近地区大张旗鼓地"三渡赤水"，突然重返川南的叙永、古蔺地区。这一行动又出蒋介石意外。他在日记中写道："匪由茅台西窜。其再转南？转北？抑留一部于东面乎？"他担心红军重到川南后又要北渡长江，于是调集重兵，企图再度围困红军于赤水河以西，在古蔺地区决战。3月20日，蒋介石电前线各部："以如许大兵，包围该匪于狭小地区，此乃歼匪之良机。"没想到红军三渡赤水其实是虚晃一枪。同日，中革军委向红军发出"四渡赤水"命令："我野战军决秘密、迅速、坚决出敌不备折而向东"，经二郎滩、九溪口、太平渡东渡赤水河，把蒋介石几十万大军甩在古蔺周围。蒋介石被毛泽东指挥得手忙脚乱地团团转，结果是全盘落空。

王素莉：从这里也可以看出，四渡赤水不仅是国共两党领袖间的较量，也是双方普通士兵间的较量。这就是您所说的执行力。红军战士们凭借着一双常人的脚板，走出了非常人所能行走的路程，最多一天走240里，通常要走100多里。最根本的原因，是大家有着共同的理想和必胜的信念。这是国民党的士兵（特别是大兵团行动）绝对做不到的。

金冲及：战略战术是要靠人去执行的。如果没有红军这样一支有共同理想和必胜信念的队伍，再高明的战略战术也难以得到实施。蒋介石和他们的高级将领熟知红军的作战特点，但他们的军队无法对付，怎么也赶不上红军在贵州连绵不断险峻山地的行军速度。拿破仑有一句格言："士气以三比一重于实力。"事实上，"士气"的比重有时还远远超过三与一之比。博弈中谁高谁下，不言自明。

王素莉：您看这张红军长征地图，在四渡赤水以后，红军突然兵临蒋介石所在的贵阳，逼使蒋介石不得不调出云南滇军孙渡部驰援贵阳，"声东击西"而西进云南昆明西北地区，接着又转兵向北巧渡金沙江，冲出30万国民党军队的围追堵截。在成功地越过彝族地区后又强渡大渡河。

金冲及：这是我们在大渡河拍摄的照片，身后房子就是当年刘伯承、聂荣臻指挥强渡大渡河的指挥部。他们两个都是四川人，熟悉四川情况。当时，蒋介石加强了大渡河以北防务，想凭借大渡河天险，使红军成为石达开第二。这张照片是营盘山，当年石达开安营扎寨的地方。我还特意拍了一张大渡河波涛汹涌的照片。红军强渡大渡河时已进入洪水期，河面宽100多米，水流湍急，两山之间的一条狭缝是唯一能够上岸的通道。川军一个营占领了上岸的通道。强渡大渡河简直是常人难以想象的。红一团却冒雨经过70多公里急行军后赶到安顺场，歼灭守敌，缴获一艘渡船，控制了渡口，17勇士乘船强渡大渡河。接着，又飞夺泸定桥。

王素莉：我们去泸定桥的时候，桥体正在修缮。只有13根锈迹斑斑的铁索绳，仍在诉说当年红军勇士飞夺泸定桥的故事。我的脑海中浮现出中央红军主力渡过大渡河时的激烈战斗场面。在夺取泸定桥当晚，中共中央在泸定城召开政治局会议，决定红军向北走雪山草地一线，避开人烟稠密地区。

金冲及：夹金山海拔 4000 多米，你看这张照片，红军就是从这里开始爬山的。

王素莉：当年红军翻越夹金山时，有的同志回忆："越往上走，空气越稀薄，胸口就像压着一块大石头一样透不过气来，两条腿也像灌了铅似的沉重。"我们是坐车翻越夹金山的，车开到半山腰时，我就有了高原反应，到海拔 4000 多米山顶上下车时，脚就像踩在棉花上，身体摇摇晃晃的。坐车尚且如此，当年红一方面军才经过长途跋涉，衣着又单薄，穿着草鞋还身负枪支弹药，风大、路滑，喘不上气来，经常有人跌倒，甚至从雪坡上滚下去，许多人就永远长眠在雪山坡上。我怀着深深的敬意，默默地向长眠于此的烈士英灵致敬。

金冲及：我们翻越了夹金山，过松潘草地时却有一个突出的新认识：才知道草地是大片高海拔地区。以前听得多的是讲沼泽地带很容易一下子陷下去，越挣扎陷得越深，直至没顶。这确是事实。但并不是过草地到处都这样，为什么会牺牲那么多同志？有一个根本原因就是草地海拔在 3000 多米，这是我一直注意不够的一个因素。3000 多米，相当于拉萨同样的海拔。我在拉萨从飞机上下来，还有点走路飘的感觉，很多人一下飞机就不行了。经过长征的红军，体质本已十分虚弱，要在严重缺氧的海拔 3000 多米的草地上行走 7 天 7 夜，不少人的体力就无法支撑了。还有一点，海拔越高，植物越少。进入草原，不要说矮小的灌木已看不到，连较茂密的植被也看不到了，更谈不上粮食。草原上又看不到人影。右路军在毛儿盖等候张国焘率领的左路军一个多星期，余粮就很少，在7天7夜中粮食吃完后哪里去找？其他可替代的果实等也根本没有，因饥饿而牺牲的也不少。所以很多人在过草地时牺牲，我想主要还是饥饿、高原缺氧、低温、疾病造成的。许多战士渐渐体力不支，就这样默默地倒下了。

王素莉：我们过松潘草地的时候，那一堆堆篝火总是在眼前晃动。一天行军下来，缺氧、寒冷、饥饿，红军战士点着篝火取暖，有人唱起《国际歌》，大家在四面八方应声合唱时，那歌声震撼心灵。正是革命理想高于天的精神，支撑着红军战士们走过了茫茫大草地。据不完全统计，红军先后有1万名指战员牺牲在茫茫草地。有史料记载，牺牲人数最多的一次是班佑河畔800将士。俄界中共中央政治局扩大会议批判了张国焘的错误。而北上红军改成陕甘支队，要去开辟陕甘根据地，就必须突破天险腊子口。这在当时已接近成为决定红军生死存亡的关键。

金冲及：我们这次循长征历程之行，下决心一定要去看一看腊子口。从兰州出发去腊子口，汽车要开6个小时。下这样大的决心，因为腊子口太重要了。腊子口纪念馆的同志告诉我们，胡锦涛同志也去过腊子口。腊子口处于连绵不断、有的还终年积雪的岷山山脉中间，它是亿万年水流冲刷而成的极窄的小口子。我后来查了一下，口子长100米，宽只有30米，包括那股激流形成的腊子河在内，上有一座木桥。这是进出甘南平原的唯一通道。国民党在山口桥头修了堡垒，有一个机枪排和四挺重机枪扼守。人要过去只能排单行走，不小心就会掉下河去。在这样险要的地方机关枪一扫射，大有"一夫当关，万夫莫敌"之概。红军只能采取智取的方式。

有个苗族小战士绰号叫"云贵川"，从小跟父母攀险岩采取草药，自告奋勇从后侧面攀登山顶向下扔手榴弹，把堡垒炸毁。大军才能排成单排穿越这个口子。出了腊子口，放眼一看，眼前就是一大片平坦的有着不少人家的甘南平原，几乎是另一番天地。这才真正体会到毛泽东同志的那句"更喜岷山千里雪，三军过后尽开颜"。

王素莉：腊子口是红军北上陕甘的重要通道。聂荣臻回忆说：腊子口一战，北上通道就打开了。如果腊子口打不开，我军往南走不好回，往北走出不去。腊子口一打开，全盘棋都走活了。

金冲及：我当时想，参观这些地方不能当旅游风景看，只是看看山啊、水啊、建筑啊，看的时候头脑里面要把当年的人补充进去。站在腊子口就在想当年红军对这个口子怎么过，那种思想感情真是难以形容。可能是看到我的神情凝重，陪同我们参观的同志说，"您头脑里面现在大概是在翻江倒海"，因为是把红军在山下战斗的场面加进去了。包括我们上夹金山、走大草地，就想到红军是从这里爬上来的，是从这条路走过去的，脑海里浮现出他们的英雄形象，心里把党史书上记载的人和战斗场景加进去，这是自然的感情啊！如临其境，确是惊险，在这种感触中，对党的历史的理解就更深了。

现在回顾历史，有人总把取得胜利说得很容易，这是错误的。粟裕夫人楚青在《粟裕战争回忆录》后记里说，粟裕本来一直不肯写回忆录，后来他觉得，如果把错综复杂的战争进程表述为高明的指挥早就规划好的，并以这些观点来教育下一代，打起仗来是会害死人的。所以他下决心写。我们回顾红军长征也好、抗日战争和解放战争也好，没有哪一个胜利是轻而易举地得来的。比如说辽沈战役，当时先打锦州采取关门打狗的方针是十分高明的。但领袖做这样的决断并不容易，某种程度上甚至是需要冒一定的以至很大的险。那时候解放军的主力和后方基本上都在北满，以突然行动，一下包围了锦州。蒋介石原来没想到解放军会下这样大的决心。这时急急忙忙以精锐部队廖耀湘兵团十几万人从沈阳出发向南边压下来，又以侯镜如兵团十几万人从葫芦岛登陆后北上。他还很得意，平时找解放军的主力找不到，现在他们自己送到锦州来了，要来个反包围。我们要包锦州的饺子，蒋介石想在更大范围内包饺子。最后解放军在决战中的胜利，既可看出最高统帅决策的英明和果断，也跟我们整个军队的素质有很大关系。我们的军队是为人民而战，打得下，守得住。而蒋介石虽自有一番打算，但国民党军队要守的守不住，要攻的攻不动。结果自然以全盘失败而告终。

王素莉：我们沿着红军长征路走过来，每到一地都如身临其境，也更深切地体会红军长征精神的历史意义。中国共产党百年华诞即将来临，在以习近平同志为核心的党中央领导下，我们将要开启新的百年征程。现在面临世界百年未有之大变局，国际形势错综复杂，中央号召全党学习党史，就是要从党的百年历史中汲取前进的智慧和力量，走好新的百年长征路。

金冲及：从我们国家的发展看，真是变化太大，现代化日新月异啊！从国际范围看，现在正处在东升西降这样百年未有的巨变。最近我给《人民日报》写了一篇文章，引了1989年以后西方世界对中国实行制裁，而且是全面制裁。当时小平同志就讲：要冷静观察，沉着应对，要冷静、冷静、再冷静，埋头实干，做好一件事，我们自己的事。当年中国的经济发展和体量远不如今天的中国，今后的发展更可想而知，正像李白诗中所说："两岸猿声啼不住，轻舟已过万重山。"小平同志就是有这个气魄，他们那一代老同志有经验，经历过包括长征在内的千锤百炼，关键时刻能够顶得住，能够战胜种种风险，打开了一个全新的局面。在当前党史学习教育中，我们必须认认真真地学习他们那样的崇高品格。今天的中国已经进入中国特色社会主义新时代，国家更加强大，做好我们自己的事，这是头等重要的事。"无边落木萧萧下，不尽长江滚滚来。"不管美国、英国这些西方国家怎么力图遏制中国的发展，都阻止不了中国共产党领导中国人民朝着中华民族伟大复兴前进的坚定步伐。

（本文原题《从党的历史中汲取前进的智慧和力量》，刊发《中华魂》，2021 年 6 月。王素莉，《中共党史研究》主编）

历史、历史学家与人民共和国的六十年
——金冲及访谈录

《中国历史评论》自 2004 年复刊以来，特设《论坛》，发表与著名学者的访谈。过去访谈的对象多为西方学者，我们一直非常期望《论坛》里有中国历史学家的声音。2009 年恰逢中华人民共和国成立六十周年，这促使我们尽力去实现这个长期以来的愿望。我们关注的焦点不是令人瞩目的中国经济成就——尽管这当时是一个非常重要的题目——而是史学在新中国的发展以及历史学家的专业体验。我们希望听到历史学家的反思，不光是他们对新中国史学的贡献，也包括共和国的历史如何影响了他们个人的学术轨迹。我们更想知道他们对外部世界史学研究的看法，了解他们如何面对所有历史学家都必须面临的挑战，即如何在坚守历史学家的史德与满足民族国家对历史学家的期望之间求取平衡。

金冲及教授是我们的理想人选。首先，他是一位地地道道的专业历史学家，在辛亥革命历史的研究方面卓有成就，他也曾担任过中国史学会的会长，对中国专业史学的发展有深入了解。从最直接的意义上讲，他是中华人民共和国的第一代历史学家。他在国民党政府控制下的旧中国崩溃之前两年进入大学，在新中国成立两年之后开始自己的学术生涯，至今已将近六十年。所以，他既是人民共和国专业史学传统形成的见证人，也是这种传统的构建者之一。

作为历史学家，金冲及教授的经历十分独特。他是一位多产的历史学家，出版了十多种专业著作和许多论文。他的学术生涯由三个不同的阶段组成，每一个阶段都处于非常不同的政治环境。第一个阶段的二十年是在上海复旦大学度过的，在那里主要从事辛亥革命的研究——他至今仍然活跃在这个领域里。第二阶段始于"文革"期间，他被调入文物出版社，在那里分别担任过副总编辑和总编辑，长达十年。文物出版社主要出版考古学、历史学和文化研究的成果，可能是"文革"期间政治色彩最为淡化的学术机构之一，在"文革"后期尤其如此。第三阶段始于1981年他年满五十岁的时候，调入中共中央文献研究室担任常务副主任。中央文献研究室是研究中共党史的专门机构，隶属中共中央。金教授在该研究室主持编写和出版了一系列中共领导人的传记，至今仍然是该研究室的前沿学者之一。

我们对金教授学术生涯的第三阶段印象尤其深刻，并充满一种自然的好奇，因为中央文献研究室拥有接触最深层的中共历史档案的最直接的机会，能在那里工作的历史学家为数甚少，而在那里工作的学者也很少愿意与外界分享他们的工作经历。所以，我们对金教授同意接受我们的访谈非常感激。

我们事先准备了一份访谈提纲，希望金教授与我们分享几个方面的问题：（1）史学在中华人民共和国历史上的演进；（2）中国历史学者对西方和台湾学者的学术成果的评估；（3）他在中央文献研究室参与不同研究项目的工作经历；（4）他对那些具有历史含义的现代问题的思考。金教授对所有问题都做了回应，因为时间关系，有的回答相对简略，这是完全可以理解的。但他的回答十分坦率、信息量丰富、极有启发性，包含着难得的洞见。

王希：为了帮助读者了解您的背景，能否请你先简单介绍一下您的学术生涯？

金冲及：我 1951 年从复旦大学历史系毕业，1953 年到 1965 年初，留在复旦讲授中国近代史课程。我当时重点研究的领域是辛亥革命。在这期间，我出版了第一本专著《论清末立宪运动》，与胡绳武教授合著《辛亥革命史稿》（四卷本），还出版了《从辛亥革命到五四运动》等。

1965 年，我调到北京，在文化部工作。1973 年起，我进入文物出版社工作，担任副总编辑、总编辑。1981 年到中共中央文献研究室工作，后担任常务副主任，并担任《毛泽东传（1893—1949）》《周恩来传》《刘少奇传》《朱德传》等书的主编，还共同主编了《毛泽东传（1949—1976）》《陈云传》《李富春传》。

与此同时，我继续研究辛亥革命，著有《二十世纪中国史纲》《辛亥革命的前前后后》等，我最近的专著包括《转折年代：中国的 1947 年》。

从 1998 年至 2004 年，我担任了中国史学会会长。1993 年至 2004 年，我担任了全国政协文史资料委员会副主任。2003 年至 2009 年，我担任过全国哲学社会科学规划领导小组成员。我现任中央文献研究室研究员、北京大学和复旦大学兼职教授。

我曾到美国、日本、俄罗斯、法国、澳大利亚、西班牙、加拿大、挪威等国和台湾、香港、澳门地区参加多次国际学术会议，并担任过第十七、十九届国际历史科学大会中国代表团团长。1998 年，我应聘在日本京都大学担任了半年客座教授，2008 年被俄罗斯科学院全体院士会议选举为外籍院士。

王希：当初您为何选择学习历史？作为谭其骧先生的学生，您从他那里感受最深的是什么？[1]

金冲及：我 1947 年进入复旦大学，选择读历史专业，思想上也有过斗争，因为那还是在旧中国，读历史的人将来找工作十分困难，有个吃饭问题。但自己实在喜欢历史，觉得它讲的是古往今来那些最重要的历史事件、最震撼人心的历史场面、最有智慧和才能的历史人物，那有着多么大的吸引力！当时自己年纪还小，不满十七岁，没有想很多，反正将来的事到将来再说。就这样，选了历史这门专业。

大学里系统的专业教育对我的影响很深。我听过周谷城、周予同、谭其骧、胡厚宣等老师的课。当谭先生八十华诞时，我作为学生写给先生的信中讲到：老师对学生潜移默化的作用，时间相隔越久，感受反而越来越强烈。我常想：如果自己年轻时，没有受到各位老师的熏陶，使自己心中树立起一种无形的标尺，初步知道了什么叫做学问，不合格的东西根本拿不出手，恐怕连今天这点微薄成果也难以取得。

王希：您 1951 年从复旦大学历史系毕业后基本上一直在文史战线上工作，可以说是伴随中华人民共和国成长起来的第一代历史学家之一，亲眼目睹了新中国的历史研究所经历的不同寻常的发展和变化。您能否为我们的读者大致勾画一下这种发展和变化的轮廓？

金冲及：我们这批人大概可以算作随着新中国成长起来的第一代史学工作者，亲眼见证了新中国史学发展的全过程。回想起来，这六十年大体可以分为两个阶段："文化大革命"前，主要是努力以科学的历史观来重新考察中国和世界的历史，那是很新鲜的尝

---

[1] 谭其骧（1911—1992），著名历史学家和历史地理学家，在复旦大学创建中国历史地理研究所，曾主持编写多卷本《中国历史地图集》(中国地图出版社 1982—1988 年版)。

试，但一般是粗线条的，而且思想上多少受到束缚。改革开放以来这三十年的变化：一是研究领域的广度和深度都大大超过过去；二是思想进一步解放，能够更加实事求是地看待和分析复杂的历史现象；三是新公布的历史资料大大超过过去。[1]

王希：您如何评价您这一代历史学家在这两个时期中所发挥的作用？如何评价你们在这两个时期中的学术成就？

金冲及：我们这一代史学工作者是过渡阶段的人物：既没有前辈学者那样的开辟之功，又处在剧烈动荡的岁月，难以写出后来者那样更成熟的皇皇巨著。所以我对青年史学工作者说过：我们这一代人是"前不如古人，后不如来者"。但作为过渡阶段的人，也有点承先启后的作用：可能比前人研究得更细一些，也为后人多少尽了开辟道路的责任。

王希：辛亥革命是您重点研究的领域之一，也是海外中国近现代史研究中的经典题目。能否请您介绍一下目前中国史学界对这一问题的研究成果？在研究思路、方法和史料方面有什么新的成果？您对周锡瑞（Joseph Esherick）等美国学者研究辛亥革命的著作有何评价？[2]

金冲及：中国学者十分重视对辛亥革命的研究是不奇怪的：这场革命是20世纪中国的第一次历史性巨大变化。它不仅推翻了腐

---

[1] 显然，1966—1976 年"文革"期间有一个学术研究中断的时期，但也有几个例外。金教授指出，"文革"期间，文物出版社继续出版考古发现，包括马王堆汉墓遗址的考古成果。

[2] 见：Joseph W. Esherick, *Reform and Revolution in China: The 1911 Revolution in Hunan and Hubei* (Berkeley: University of California Press, 1976); *The Origins of the Boxer Uprising* (Berkeley: University of California Press, 1987)。这两部著作均已有中译：《改良与革命：辛亥革命在两湖》（杨慎之译，江苏人民出版社 2007 年版）；《义和团运动的起源》（张俊义、王栋译，江苏人民出版社 1998 年版）。

朽的清朝政府，而且结束了统治中国几千年的君主专制制度，开创了完全意义上的近代民族民主革命，为中国的进步打开了闸门。

1981 年纪念辛亥革命七十周年时，对它的研究达到一个重要高峰，出版的学术著作和历史资料在数量和研究水平上都是前所未有的。这以后，在这方面不断有新的研究成果发表，认识也在不断深化。怎样把这方面的研究推向一个新的高度？我觉得需要有更宽阔的视野，把这场革命放在当时中国社会结构和民众心理深刻变动的大背景下来考察。但有关的资料很分散，已有的研究成果还不足，要取得巨大的突破还要有一个积累和准备的过程。周锡瑞教授是我多年的老朋友，他对辛亥革命和义和团的研究可以给我们一些有益的启示。

王希：孙中山先生是中国近代史上的重要人物，也是您研究的重要题目。对于孙中山，中国大陆、台湾和西方学者的评价有诸多不同。在大陆，他被视为中国革命的先行者，在台湾被尊崇为"中华民国"的国父。西方学者的研究则倾向于反对将孙中山及其思想加以神化。法国学者白吉尔（Marie-Claire Bergère）在其研究孙中山的近著中提出，孙中山在中国近代史上的作用在他去世之后被夸大了，部分原因是因为蒋介石需要建立自己继承孙中山的合法性。[1]白吉尔不否认孙中山在历史上扮演过重要的角色，尤其是在推动中国的变化和提出未来中国发展的方向方面。但她认为孙中山在政治上机会主义的成分居多，理论上也并不具备真正的原创性，是一个不成熟的政治家。您曾在 1999 年的一篇文章中提到"孙中

---

[1] Marie-Claire Bergère, *Sun Yat-sen*, translated by Janet Lloyd（Stanford: Stanford University Press, 1998）.

山的思想学说有它的一贯性，又有它的阶段性"。[1]

　　作为孙中山研究的权威学者，能否请您谈谈孙中山的历史地位和作用？您对白吉尔的观点有何评论？以您的观点，我们应该如何认识和评价孙中山在中国近代史上的意义？此外，中国国内对孙中山的学术研究与大众文化对孙中山的诠释（如文学影视作品等）之间的关系是什么？

　　金冲及：孙中山是中国海峡两岸大多数人共同尊敬的历史人物。他是一个热烈的爱国者，在中国民族危机极端深重的时刻率先喊出了"振兴中华"的口号。他提出"民族、民权、民生"三大主张，也就是要实现民族独立、民主政治和民生幸福。这就在近代中国面对的千头万绪的问题中提纲挈领地抓住了三个要点，并且主张用革命的手段来实现它。他憧憬着中国的现代化，为此进行了详细的规划，因此，我们把自己看作他的事业的继承者。

　　当然，不能把孙中山神化，不能对他的一切加以夸大，因为那不符合实际情况。作为在一百多年前开始重大政治活动的先驱者，确实有许多不成熟的地方和空想的东西，有时在十分困难的情况下，为了实现某个目标，也采取过违背他自己原则的做法。这些不必讳言，那也是实事求是的要求。

　　我同白吉尔教授相识已近三十年。对她的学识，我是很尊重的。至于有些大众文化作品（如电视连续剧《走向共和》）中对孙中山的不严肃描绘，只能说是作者缺少基本的历史知识，用不着多加论述。

　　王希：革命与改革是您研究中时常涉及的主题。西方学界最

---

[1]　金冲及：《孙中山民生主义思想的阶段性》，原载《孙中山与中国近代化》，人民出版社1999年版。引自金冲及：《五十年变迁》，中央文献出版社2004年版。

近对晚清时代的改革给予非同寻常的重视。类如任达（Douglas R. Reynolds）等学者甚至将晚清新政的改革视为中国现代化经历中的一种"革命"。[1]目前海外对这段历史的共识是晚清的新政在辛亥革命后仍继续着，袁世凯时期不少改革（例如市政改革）是新政的继续，甚至南京十年时期的许多改革也有新政的影响。这种研究自然带来了对辛亥革命的历史重要性的重新认识。您是如何看待这样的研究？如何评价晚清新政与后来中国现代化的传承关系？

金冲及：我觉得海外有些学者对"清末新政"的评价太高了，甚至认为如果没有革命，让清政府继续把"新政"推行下去，中国的现代化将能更顺利、更快地实现。这些学者对中国的情况实在太隔膜。我不否认"新政"中有些措施，如废科举、办学堂，对推进中国近代社会变革在客观上起过一些积极作用，但清政府拒绝任何根本的社会变革，把政权紧紧抓在那些极端腐败媚外的权贵手里，又怎么能给中国找到真正的出路呢？正如孙中山所说："满清政府可以比作一座即将倒塌的房屋，整个结构已从根本上彻底地腐朽了。难道有人只要用几根小柱子斜撑住外墙就能够使那座房子免于倾倒吗？"

辛亥革命那年，一个担任长沙海关税务司的外国人给总税务司写信："毫无疑问，大多数老百姓是希望换个政府的。不能说他们是革命党，但是他们对于推翻清朝的尝试是衷心赞成的……我看在

---

[1]　Douglas R. Reynolds, *China, 1898-1912: The Xinzheng Revolution and Japan* (Cambridge: Council on East Asian Studies, Harvard University, 1993)（中译本：《新政革命与日本：中国，1898—1912》，李仲贤译，江苏人民出版社 1998 年版）; *China, 1895-1912: State-Sponsored Reforms and China's Late-Qing Revolution—Selected Essays from Zhongguo Jindai Shi* (Modern Chinese History, 1840-1919)，edited, translated, and with an introduction by Douglas R. Reynolds. 刊于 *Chinese Studies in History* 28, Nos. 3-4 (Spring-Summer 1995)。

不久的将来，一场革命是免不了的。"要人们不惜抛头颅、洒热血去投身革命，哪里是一件容易的事情？革命是万不得已的情况下的选择。如果不是人们经过长期的失望、不满和愤怒，认定不推翻这个腐败的卖国政府的话，中国一点希望也没有了，那就不可能会有千百万人起来拼命。革命有着深刻的社会原因，不是任何人所能制造出来的。

王希：同样，在民国研究方面，近年来西方学者也开始关注民国与中华人民共和国之间在体制建设上的延续性（如魏斐德对上海警察系统和戴笠的研究等）。[1]您如何看待这类研究？

金冲及：中华人民共和国和以前在社会制度上有着根本不同，这不需要多做说明。但历史总有它的延续性，不可能一下子变得什么都不同了。今天总是从昨天和前天走过来的，研究今天不能不把它同昨天和前天联系起来考察。拿政治体制形式来看，清朝至北洋军阀时期在县以下不设立政权机构，北伐结束后才建区以下的政权机构，新中国成立后依然在县以下设有政权机构；至于社会习俗方面，例如重视家族的观念等等，延续性表现得更为明显。变革和延续是统一而不可分的。当然，在社会大变革时期，人们把更多注意力放在变革方面，这是很自然的，也是恰当的，但仍不能忽视历史延续性这一方面。

王希：关于近现代中国史的分期问题，国内史学界对"近代"（premodern）中国史与"现代"（modern）中国史的划分标准是什么？

---

[1] Frederic E. Wakeman, Jr., *Policing Shanghai, 1927-1937*（Berkeley: University of California Press, 1995）and *Spymaster: Dai Li and the Chinese Secret Service*（Berkeley: University of California Press, 2003）. 二书均有中译：《上海警察（1927—1937）》（章红等译，人民出版社 2011 年版）；《间谍王：戴笠与中国特工》（梁禾译，江苏人民出版社 2007 年版）。

"国家"（state）、"民族"（nation）、"政权"（regime）等概念在这种划分中是否起有重要的作用？依您的看法，近代史与现代史之间是否存在着真正具有阶段性的区别？

金冲及："近代"和"现代"这些概念，本来是相对的、可变动的。现在的近现代史，过几百年或者几千年后，也许会被称为古代史。从今天来说，我认为中国近代史应该是指 1840 年至 1949 年的中国历史。那是中国处于半殖民地半封建社会的历史，中国人面对的任务是求得民族独立和人民解放，这是一个完整的历史阶段。至于新中国成立后的历史可以称为中国现代史，今天已走上中国特色社会主义的道路。怎么能说这两者之间没有阶段性的区别呢？

王希：您对海外的中国近现代史研究的整体评价是什么？您认为西方学者研究中国近现代史的优势和不足何在？

金冲及：对西方学者研究中国近现代史的论著，我是十分重视的，读得也不少。他们思想活跃，常能启发我思考一些原来没有想过的问题，对有些专题也做出比中国学者更精深的研究。但由于许多西方学者并没有长期生活在中国的环境中，能接触到的原始资料也有限，难免显得隔膜，这就造成他们对一些问题只能从某些现成的理论框架出发来推论，或者用大胆的猜测来弥补不足，看起来很新颖，却和中国的实际情况未必相符。前面说到的对"清末新政"的评论就是一个例子。

王希：您对台湾史学界的民国研究如何评价？

金冲及：研究中华民国的历史，自然离不开台湾学者整理出版的历史资料和他们的研究成果。我有这方面的书籍大约近千册。台湾这方面的学者中，我也有许多好朋友。对一些问题的评论，我们的看法未必相同，其实也不必强求一致。我们的交往和讨论中，更多的是努力弄清事实究竟是怎样的，这方面的共同语言就很多。例如，孙中山本人并没有说过"联俄、联共、扶助农工"三大政策的话，但他在实际上是这样做的，那就是在台湾学者的帮助下使我弄清楚的。我想，这种学术交往对双方都是有益的。

王希：今年是中华人民共和国建立六十周年，作为历史学家，您如何评价1949年在中国近现代史上的意义？

金冲及：1949年中华人民共和国的成立，在我看来，不只是一个政权代替了另一个政权、一种政治力量代替了另一种政治力量，而是一场空前的社会大变革。它解决的主要问题是：民族独立、人民解放（特别是占人口绝大多数的工人农民翻身做了国家的主人）和国家统一（台湾以外）。新中国六十年来的一切成就，都是以它为出发点而取得的。

王希：顺便再提一句，近年来海外中国研究的一个新方向是试图跨越1949年，即认为1949年作为历史分水岭的作用有点被夸大了。新的研究强调历史的延续性，政权的更替，即使像共产主义革命这样翻天覆地的变化，也不足以把历史一切为二（例如有人认为民国时期中国有些企业已实行类似解放后的单位制度、国共两党在执政上有不少相同之处等等）。此外，50年代一些档案的开放也使海外学者有可能就此方向努力；事实上，跨越1949这条界限已成为中国近现代史研究的一个新方向。对此您有何评论？

金冲及：对延续性和变革性的关系，我在前面已经说到。其实，世界各国的历史莫不如此。美国独立和法国大革命后，同过去不也有延续性吗？但人们决不会因要进行跨越这条界限的研究而抹煞美国独立和法国大革命的划时代意义。

王希：自20世纪80年代初，您进入中共中央文献研究室工作。[1]从专业研究的角度来看，这是一个幸运而让人羡慕的位置，因为您有机会接触到一些不对外开放的档案。对于历史学家来说，没有什么比占有资料更重要的了。但另一方面，在外界看来，您的研究也会限制在某种特定的范围之内，不可能畅所欲言，做自己喜欢的题目或发表自己的见解。情况是不是如此？在这种情况下，您是如何给自己定位的？

金冲及：正如你所说，到中央文献研究室工作，很大的幸运是能够接触到大量还没有公开发表的重要档案，这对研究这段历史实在太重要了。前几年，我到法国参加一次学术讨论会，在发言中对我谈到的事都说明有什么电报或会议记录作为依据。一位外国教授感叹说：我们看不到这些档案，自然只能大胆地猜测了。其实，据我所知，现在公布了的档案已经相当多，但因为数量太大，又分散在各处，海外学者未必都能找到，所以利用得还远不充分。

我承担的具体任务，如编写毛泽东等人的传记也是我自己喜欢的题目。写作时，并没有人规定我应该怎样写。我可以根据掌握的历史资料，相当充分地发表自己的见解。

我给自己的定位是：只写自己相信符合事实的东西，决不讲假话，至于对不对可以由读者来判断。这是史学工作者应该遵守的职业道德。当然，我并不是将知道的一切都写进书里，但仍尽可能含蓄地点到。听说有些西方大国在档案解密时也有两点是不公布的：一是涉及国家安全，二是涉及个人名誉。有些事只能在一定时间后才能发表，这是大家都能理解的。

王希：在您的主持下，中共中央文献研究室在近年来出版了好

---

[1] 中共中央文献研究室的前身是一个负责编辑毛泽东著作的委员会，于 1950 年成立，1980 年改为现用名，负责编辑出版毛泽东和其他中共领导人的著作。

几部非常有影响的中共领袖人物传记,如《毛泽东传》、《周恩来传》(主要由您撰写)、《刘少奇传》、《陈云传》和《邓小平传》。这些著作印数很多,多次重印,影响也很大,还被翻译成外文。我们注意到,这些著作都使用了大量未开放的档案文献。能否请您谈一下您写作和主持这些著作的经历?具体说,就是写作中把握的基本原则是什么?如何处理一些比较棘手、比较有争议的政治题目(如"文革"、人物评价的问题等)?您个人觉得,对于海外的研究者而言,这些著作的最重要的史学价值何在?

金冲及:我在文献研究室工作二十多年,花力气最多的是主持编写几部传记。大体说来,书中由我执笔或改写的文字大约占三分之一。我觉得当主编不能挂名,应该对全书每一个字负责(不管讲对了还是讲错了)。写作中自然会遇到一些棘手的问题。如果把事情确实弄清楚了,那就照直说,不管以前对这个问题有过什么说法,或者还存在什么争论。如果遇到复杂的、自己也没有把握的问题,也不必强不知以为知,可以采取述而不论的办法,把事实摆出来,不去评论,让读者做判断。这样做,似乎也没有碰到不可克服的困难。在这些传记中,最早出版的是《周恩来传(1898—1949)》,可能是第一部引用大量没有公开发表的原始档案来撰写的涉及全局的中共党史著作,也许可以算作它的史学价值所在。

王希:随着改革开放的深入,中国在档案文献方面也迈出了步伐。各地的档案馆都相继对海外学者开放。外交部已经开始开放一些解密档案。您认为,中央档案馆的历史文献最终会对外开放吗?您估计,如果这些档案得以开放,它将对海内外史学界研究当代中国史和中共党史产生什么样的影响?

金冲及:前面说过,这些年来整理出版的档案资料已相当多,还没有被充分利用，至于中央档案馆什么时候会对外开放，我也不知道。但从我所知的情况来看，即使全部开放，在事情的细节上可以增加更具体的了解，但从大的方面来看，也未必会根本改变人们已有的看法。拿另一个不同的事例来说，近年蒋介石日记公开提供利用，我读后的印象也是如此。

王希：您曾经借用唐代刘知几和清代章学诚的话，强调历史学家（文史工作者）要具有四方面的素质：史学、史识、史才和史德。在谈到史德时，您十分强调对历史负责和对社会负责。西方学界通常强调学者在研究时要做到"独立思考"和"学术自由"。您的史学研究和写作跨越半个世纪，而且经历丰富多彩，您如何处理史学研究和写作中的自我认同的问题？或者说，您是如何处理作为一个专业历史学家的学术追求（特别是史德）与满足国家和社会的政治要求和期望之间的关系的？

金冲及：史学研究离不开独立思考。人云亦云以至以讹传讹，自然谈不上严肃的科学研究。但独立思考也必须本着实事求是之意，从尽可能详尽地掌握资料出发，进行全面的分析，做出自己的判断，不等于刻意标新立异以至哗众取宠，那样也谈不上史德。学术自由不等于不要考虑对社会负责。举个例子来说，一个国家在战争时期，有些涉及军事机密和国家安全的事，不能因表现"勇气"而轻率地形诸笔墨。当然，时过境迁，就可以谈了。这是社会责任感问题，而不是有碍学术自由。

王希：您如何看待您这一代历史学家与 1949 年以前的历史学家（包括传统的史家例如陈寅恪、顾颉刚和左翼史家如范文澜、翦伯赞），和改革开放之后成长起来的历史学家之间的异同？

金冲及：我们对陈寅恪、顾颉刚、范文澜、翦伯赞等前辈学者十分尊敬，也受到过他们很大的影响。当然，时代在不断前进，史学的认识也在不断发展。改革开放后成长起来的年轻史学工作者有着新的视野和知识结构，这是前辈学者没有的。但前辈们渊博的知识、敏锐的史识、严谨的学风，仍有许多值得学习的地方。

王希：中国是否存在"史学危机"？您认为，中国史学研究目前面临的最大挑战是什么？

金冲及："史学危机"的说法在 20 世纪 80 年代曾广泛流传，但内容比较肤浅，无非是说史学方法应该多样化、历史专业学生谋职不易、史学研究经费不足等等。我从来不赞成这个提法，因为我相信一个不重视历史的民族是没有前途的，中华民族又是一个向来极其重视历史的民族，问题只在于史学工作者自身如何努力。现在，史学研究的外部环境已有很大变化，这种说法似乎也很少人再提起了。

王希：美国历史学会是在 19 世纪 80 年代建立的，现在是美国国内很有影响力的专业学术组织，对美国历史学研究和教学的发展发挥着重要的作用。2000 年时任美国历史学会主席的方纳教授来华访问时，曾与当时担任中国史学会会长的您和几位副会长一起座谈交流。尽管您现在已经不担任中国史学会会长的职务了，能否请您介绍一下中国史学会的组织、功能和运作情况？它在推动中国的史学研究和教学上开展了哪些活动？

金冲及：在社会团体中，我同中国史学会有着特别密切的关系，曾担任它的第二届理事、第三届常务理事、第四和五届副会长、第六届会长，现在担任它的名誉理事。

中国史学会是新中国建立的最早的学术团体之一，已有六十年的历史。它是全国史学工作者自愿组成的学术团体，团体成员包括全国省、自治区、直辖市的历史学会和中国社会科学院的历史、近代史、世界史、考古、当代中国等研究所。它的主要活动有：联系和团结全国史学工作者，推进历史专业的学科建设，举办重大的学术活动，同国际史学团体保持联系，开展中外学术交流与合作，举办全国青年史学工作者会议，促进史学队伍建设，交流各地历史学会工作经验，编印有关出版物等。它一直坚持开展这些活动，在全国史学工作者中仍有很大的影响。

王希：近来，中国思想界曾就中国崛起和"中国模式"等问题展开了讨论，在您看来，中国改革开放以来在经济上迅速崛起的主要原因是什么？中华人民共和国六十年的前三十年与后三十年之间的关系是什么？应该如何比较准确地来描述和评价两者之间的关系？

金冲及：我不赞成"中国模式"这种提法。每一个国家的建设，都只能根据本国的实际情况办事。别国的经验可供借鉴，但决不能把它当作一种现成的"模式"照抄照搬。中国人在这方面吃过不少苦头，有过深切的感受。当然，中国改革开放以来走中国特色社会主义道路，有些经验可供别国参考，但不宜把它称为什么"模式"。

新中国前三十年和后三十年的关系，是人们最近谈论得很多的问题。对后三十年的成就，看法比较一致，很少人公开地对它全盘否定。对前三十年，因为犯过"大跃进"和"文化大革命"的错误，有些人就把它描写成漆黑一团。也有人虽出于好心，在宣传改革开放的成就时只把前三十年作为反衬。这些看法并不符合实际，至少是很片面的。事实上，在那段时间里，人民当家做了国家的主人，在旧中国极端落后的基础上建立起崭新的社会主义制度，建立起比较完整的工业体系和国民经济体系，能够独立自主地站在世界民族之林。中国今天的巨大成就是在这个基础上取得的。中间的失误和曲折不必讳言，那是在探索过程中发生的，而且是中国人在共产党领导下自己发现和纠正的。正面的经验和反面的教训，使我们变得聪明一些，都是我们继续前进的精神财富。历史是不能割断的，没有昨天，也就没有今天和明天。正如胡锦涛所说：新民主主义革命的胜利，社会主义基本制度的建立，为当代中国一切发展进步奠定了根本的政治前提和制度基础。这是客观的、实事求是的评价。

王希：《中国历史评论》的很多读者是改革开放后去国外留学并留居海外从事中国史研究和教学的中国留学生，您认为他们能够对中国史学发展发挥什么作用？您对他们的学术发展和追求有何忠告？

金冲及：出国留学和留居海外工作的学者，可以更多地看到世界发展的大趋势，可以汲取国外史学研究的优良成果，可以用一些新的视角来观察和分析中国的历史，还可以较多地接触在国内难以见到的一些历史资料，在中国史学发展中无疑将起着重要的作用。但外国的国情和中国有许多不同。如果能在发扬上述优势的同时，始终努力做到更真切地熟悉中国的历史条件和复杂情况，作为自己研究的出发点，我想肯定可以在这方面发挥更大的作用。

（王希，美国宾州印第安纳大学教授、《中国历史评论》主编。本文收入《开拓者：著名历史学家访谈录》）

博学笃志　切问近思
——金冲及治学访谈录

一、早年经历与初识马克思主义

金之夏：您 1947 年考入复旦大学史地系，当年您为什么会选择学习历史？

金冲及：我在复旦附中读书期间就对历史很有兴趣，那时候金兆梓和耿淡如两位先生编写的历史教科书给我留下了很深的印象。读高中后，我开始自己逛书店，每月都要到上海书店最集中的四马路（现福州路）去转转。我最感兴趣的还是有关中国历史的书。至今，我还保存着当年在旧书店买到的李剑农著《最近三十年中国政治史》等好几本书。记得当时常做的美梦是：在旧书店里细心寻找，忽然在墙角的书架上发现一本我所关心而又少见的书，在惊喜中醒来。这样的梦在当时确实常做，可见痴迷之深。那时候的我只是一个十四五岁的中学生，读这些历史书完全是出于兴趣，根本谈不上什么分析和认识，但这确是我以后特别爱好中国近代史的起点。

金之夏：您在 1948 年读大学期间加入了中国共产党，请问您最初是如何接触到马克思主义的呢？

金冲及：抗战胜利后，时局发生深刻变化，我从少年走入青年，读书的方向也发生了很大变化，关心的重点逐步转到社会和政治方面。艾思奇的《大众哲学》是我读的第一本马克思主义书籍。

他以生动活泼、紧密联系实际生活、富有说服力的文笔介绍唯物主义和辩证法，在我面前展开了一个全新的世界图景和正确认识世界的方法。他在书里讲到，历史是复杂的，常常是多方面因素起作用的产物，不能把最初看到的几点就轻易看作全体。因此，读历史不能只记得是什么，还要多想想为什么。艾思奇这本书我看了很多遍，许多内容都感到新鲜而正确，至今仍还记得，确实具有启蒙的作用，影响了自己一辈子。

以后，我开始比较系统地读生活、读书、新知这三家进步书店出版的书。生活书店在上海重庆南路，门面比较宽，坐在墙角边的地上看半天书也不会有人赶你走。邹韬奋写的书，我当时几乎全都读过。他文笔犀利，充满感情，特别能打动人，使我对当时的社会有了初步的认识。此外，给我印象最深的有胡绳的《辩证法唯物论入门》《怎样搞通思想方法》，华岗的《社会发展史纲》，钱亦石的《中国怎样降到半殖民地》等。我还陆续读过许涤新的《中国经济的道路》、李达的《新社会学大纲》、沈志远的《新经济学大纲》等。新知书店在上海北四川路，是我到复旦大学上学的必经之路，所以也常去。在那里，买得最多的是"新知丛书"，如薛暮桥的《经济学》、许涤新的《现代中国经济教程》、翦伯赞的《历史哲学教程》，我还在那里买过范文澜的《中国通史简编》，至今还保存着。

当时复旦大学的中共地下党非常重视在积极分子中组织读书会。我一年级时就参加了读书会，最初读的是罗森塔尔的《唯物辩证法》。这种读书会每星期组织一次讨论，每次轮流有一人先讲他刚读完的那章学习心得，大家再展开讨论，既相互提高思想认识，又联络感情。参加读书会的有史地系和外系的同学，大多是和我宿舍邻近、平时交往较多的同学，后来全都参加了复旦大学中共地下党。这种活动方式在学校中很流行，是地下党常采取的一种方式。我那时只有十七八岁，个人思想还没定型，正是渴求知识的时候。在读书会得到的知识深深刻在头脑中，有助于自己对信仰的比较和选择，可以说终生难忘。

刚进复旦大学史地系时，我一直是用功读书的。随着国共内战的全面爆发，我深刻体会到如果国家和民族没有前途，任何个人理想都无从谈起。我于1948年春正式加入中国共产党。这年年底，为躲避国民党政府的通缉，我根据党组织的指示在远房亲戚家躲避了一段时间。利用这几个月，我认真阅读了不少书，最重要的是延安整风必读的二十多个文件。通过阅读，我对党的性质和党员应该遵守的原则有了基本了解。

金之夏：解放后，您继续在复旦大学读书。其间都上过哪些老师的课，这些课对您后来的治学有何影响？

金冲及：上海解放后，我回到学校，全身心投入到新政权的巩固和建设中。作为学生代表，我担任了复旦大学校务委员会常委、校学生会主席等。同时，我仍然坚持上课。复旦大学的师资相当雄厚，一级教授有周谷城先生，二级教授有周予同、谭其骧、胡厚宣、陈守实、蔡尚思、王造时六位先生。我还选修过中文系冯雪峰、唐弢等前辈开设的"文学概论"等课程。

记得有一次谭其骧先生布置学年论文，让我们认真看《通鉴纪事本末》中有关李密、王世充、窦建德这三段，然后用这些材料写一篇夹叙夹议的文章，这种做法对低年级的大学生是非常好的基本训练。周谷城先生非常重视训练学生的问题意识，他常说：你如果能提出一个好的问题，文章就成功了一半。在复旦的严格训练为我此后的治学之路打下了坚实的基础。谭其骧先生80寿辰之际，我曾在贺信中写道:"老师言传身教对学生的潜移默化作用,年轻时也许没有明确地意识到,时间相隔越久,这种感受反而越来越强烈。如果年轻时没有受到过这些熏陶,在心中对怎样才算是做学问树立起一种无形标尺、不如此就不敢拿出来,恐怕连今天这点微薄的成果也难以取得。"周谷城先生曾对我说:"我是看你长大的。"的确,我可以说是在复旦师长的教育下长大的。

金之夏:1951 年您大学毕业后即留校工作,不久开始讲授"中国近代史",请问您当时为什么会选择这一专业方向?

金冲及:这一点与其说是"选择",不如说是"需要"。我毕业后先是留在复旦担任校团委书记。1952 年,教育部规定综合性大学文科都要开设中国近代史课程,而老教授们过去很少专治近代史。那时复旦鼓励有条件的党政干部在系里兼课,称作"双肩挑",这就给了我一个机会。从 1953 年起,我开始在历史系、新闻系、中国语文系讲授中国近代史这门课,并参加编写教学大纲;1960 年起又带过五个研究生。可以说,我一共讲了 12 年的"中国近代史",直到 1965 年调到文化部工作。

金之夏:在复旦大学工作期间,您正式进入史学研究领域。您可否介绍一下这其中的历程。

金冲及:刚开始工作时,我认为范文澜和胡绳等马克思主义史学大师已经把中国近代史的基本问题说清楚了,我自己脑海里想不出什么重要的"问题"。那时专业史学刊物也很少,印象中似乎只有《历史研究》《历史教学》和《新史学通讯》(现《史学月刊》)。我发表的第一篇史学文章是《关于中国近代历史分期问题的意见》,严格意义上讲这并不是一篇专题研究论文。来由是 1954 年《历史研究》创刊号发表了一篇胡绳谈近代史分期的文章,他主张要根据阶级斗争的发展把近代史分为若干时期。那时，我已经教近代史近两年，有一些不成熟的想法，认为近代史分期的标准应该是社会经济发展和阶级斗争相结合，因为两者是相互补充又相互一致的。记得 1955 年春节假期，我利用在学校值班的空闲，写了一篇比较长的商榷意见，当作读者来信寄给《历史研究》编辑部。没想到这篇文章不但很快就被发表在《历史研究》上，还引起了学界的热烈讨论。编辑部的热情扶持，对我这个年轻人真是极大的鞭策。

　　当时我给自己定下了每年用心写好一篇长文章的目标。1956 年，我又写了一篇《云南护国运动的真正发动者是谁？》。以往，对护国运动的发动者有许多不同看法，有人主张是蔡锷、梁启超发动的，也有人认为是孙中山领导的中华革命党。对这个问题我也有一些自己的看法，纵然已有许多前辈珠玉在前，但在某一个具体问题上，后辈仍可能做到比他们看更多的材料，做更多的思考。我在文章中提出：受过辛亥革命思想熏陶的云南新军中下级军官是护国运动的真正发动者。后来，李根源先生的公子告诉我，他父亲看后很认可我的观点。李根源在清末做过云南讲武堂总办，是朱德的老师，护国运动时担任总参议。我很高兴能得到他的肯定。

　　在复旦教书还有一个很大的好处：有一群志同道合的师长、同仁。一方面，我与同行相互切磋。同我讨论学术问题最多、合作时间最久的是胡绳武教授。他在抗战后期考入战时内迁重庆的复旦大学，我入学时他读大四，是我的师兄。我们在相互切磋学问中建立了长久的友谊。我们不仅一起发表过一些论文，后来还合作撰写了专著。另一方面，通过参加学术会议，我还进一步认识更多学界同仁。1961 年，我第一次参加全国性学术会议，那是中国史学会在武汉主办的纪念辛亥革命 50 周年学术讨论会。会议由吴玉章、范文澜等前辈主持。我在会上还结识了章开沅、祁龙威、余绳武，又见到此前相识的戴逸；年轻些的有龚书铎、张磊、李文海等。武汉会议结束后，我和胡绳武就决定共同撰写一部多卷本的《辛亥革命史稿》。1963 年，我们写完了第一卷送交出版社后，因政治环境越来越紧张，只好暂时搁置出版，没想到这么一放就放了 18 年之久。

金之夏： 1965 年您离开复旦大学后，先后在文化部及文物出版社工作，直到 80 年代进入中央文献研究室从事中共党史研究。请简要介绍您在"文化大革命"前后的经历及其对您治学的影响。

金冲及： 这些工作的变化，都是组织上根据工作需要调动的，我自己其实没有主动想过"转移阵地"。20 世纪 60 年代初，我在复旦教书期间，担任过中共华东局和上海市委主办的《未定文稿》的主编之一，这个刊物由华东局宣传部部长兼上海市委文教书记石西民直接领导。我的组织关系仍在复旦，历史系的中国近代史课仍继续讲。1965 年，石西民同志调北京担任文化部副部长，指名要我随同调到文化部，在政策研究室工作。当时上海的生活条件好，一般人不愿意离开上海，特别是在大学教书的人一般又不愿意到机关工作。我那时倒没有太多想法，只是服从组织调动，就来了北京。

"文化大革命"爆发后，文化部的工作基本陷入停顿。1968 年 1 月，复旦大学的造反派到北京把我押回了复旦，关在学生宿舍整整一年。直到这年 12 月，我才被送回北京，同时造反派转给文化部一份关于我的审查材料。后来得知，我是遭到了一个在青海劳动改造的军统分子的诬陷。这个人在解放前也是复旦学生，他指控我曾在 1948 年加入过国民党特务组织。因为这个凭空捏造的材料，我又被审查了四年，其中有三年在湖北"五七干校"。

1972 年底，长沙马王堆考古发掘，震惊世界。出于外交需要，周总理指示恢复文物出版社和《文物》杂志。当时负责国家文物和博物馆工作的王冶秋同志知道我遭受的是一场冤案，就直接下调令让我到文物出版社工作。调令一来，我的"特嫌"结论才取消，也恢复了党的组织生活。我在社内先后任副总编辑和总编辑，在这两个岗位上工作了共十年，收获很大。

我之前从来没有做过文物、考古和出版方面的工作，但学历史出身的我还是很兴奋地投入这个领域。每当有重要考古发掘见报时，我都在主管的《文物》月刊上邀请专家结合历史文献写一组文章，讨论最新考古发掘的价值，说明这些发现对了解中国古代文明有什么意义。在出版考古发掘报告时，我也同样要求如此。文物出版社十年的工作，给我最深的教育是，当被安排从事任何你不熟悉的工作时，最重要的是要"投入"，而且是"全力投入"。这样不仅能做好工作，而且一定能得到个人成长中十分有用的知识。这十年不是白费的。为了适应新的工作需要，我对文物、考古方面的基本知识，如青铜器、陶瓷、古建筑等考古专业和书画鉴定等，一门一门地找权威著作细读，分门别类做笔记，还到博物馆和考古现场去多看，向有关专家请教，特别是同前辈学者苏秉琦教授结下很深的情谊，受益极多。中国历史本来就是由古代、近代、现代一脉发展而来的，系统补充自己的不足，扩大视野，对我今后的工作是十分有益的。

在文物出版社工作后期，"文化大革命"结束了。我的老朋友胡绳武教授也调到北京工作，我们又一起利用业余时间，共同合作，继续撰写《辛亥革命史稿》，到1991年辛亥革命80周年之际四卷本全部出齐。这些工作都是利用业余时间干的，确实很辛苦，但自己暗下决心，咬紧牙关，走不到爬也要爬到。

粉碎"四人帮"后，我本有机会重返近代史研究领域，但想想自己当年在最困难的时刻，谁都不敢要你，是王冶秋同志大胆地将我解放出来，怎么能条件一好时就掉头他去。1981年夏，中央文献研究室主任李琦同志（"文化大革命"前曾任文化部副部长，与石西民、王冶秋都很熟）为了编写《周恩来传》，要调我去中央文献研究室工作。最初文化部不放，就先借调。1983年，中组部才正式下调令。从1984起担任中央文献研究室副主任，直到2004年离休，我又有幸转行研究中共党史二十余年。

二、中共党史与中国近现代史研究心得

金之夏：您到中央文献研究室工作后，正式进入中共党史研究领域。您认为在研究中共党史，特别是撰写领袖传记中，必须遵循的方法和原则是什么？

金冲及：我到中央文献研究室工作后，有幸得到胡乔木、胡绳两位党史研究前辈长期、具体的指导。他们既是中国革命的亲历者，又是党史研究大家，给予我大量无私的帮助。胡乔木曾反复告诫我们："党史要多讲史实，因为历史就是由事实构成的。观点要通过叙述事实来表达。"胡绳也强调："历史不能脱离事实来发议论。"这些话给我留下了非常深刻的印象，也是我从事党史研究遵循的核心价值观。我个人理解，在撰写领袖传记时必须要把握好三点原则：第一是真实性；第二是科学性；第三是不回避问题。

真实，永远是历史研究的生命。真实就是实事求是，这也是我们党的思想路线。但历史研究的对象毕竟早已事过境迁，无法百分之百地准确重现，加之许多档案文献对同一事件、同一人物

的记载又时常会有差别。因此，作者在研读史料时就要特别小心谨慎，不能轻易相信第二手材料，要反复比较原始档案和当事人口述回忆的异同，尤其要善于鉴别那些猎奇性的道路传闻。只有经过仔细阅读，反复比较，去粗取精，去伪存真，再动笔创作，才有可能给读者呈现相对真实可靠的历史事件和历史人物。同时，我们也牢记，即使出于好意，刻意美化、不符合实际的描写，同样是不可取的。

科学性，是党史研究必须遵循的标准。只有坚持高度的科学性，撰写的党史著作才有生命力和说服力。领袖传记要力求让那些不了解他的读者，能够认识和理解他的内心思想和处世态度。我在撰写《周恩来传》时，中央文献研究室还有一些同志在周总理身边工作过，对周总理有着十分深厚的感情。当传记中提到周总理也有过的弱点和失误，他们就表示："总理那么伟大！我们有什么资格去评价总理？"而周总理是特别看重自我批评的，从不回避问题。在领袖传记的写作中，如果我们对传主一生中的性格弱点和个别失误采取回避的态度，就等于放弃在这些问题上的发言权，最终只能是听任不了解真相的人随便乱说。

金之夏：当代人写当代史容易存在无法回避的时代局限性，因此有"当代人不写当代史"之说。您的研究领域涉及当代史多个层面，请问您是如何看待这一问题的？

金冲及：我同意你提到有时会有"时代局限性"的问题，这是客观存在的，谁也无法完全克服。不过如果换个角度思考，当代人写当代史也有后世人难以相及的地方。

后世人终究没有那个时代的生活经历，研究的依据主要是冷冰冰的史料，对当时的时代氛围、人际关系、民众心理，以及各种影响事态发展的复杂因素都不可能有切身体会。这些当时大量存在而又习以为常的事物，容易被时人视为不言自明，因此没有被记载下来，或只是被语焉不详地提到，无法引人注意。在这种情况下，后世人往往会习惯于从自己所处的时代环境出发，用后世的经验去理解或判断先前的环境和事实。这是导致部分历史叙述失真的原因之一。

可以说，当代人和后世人都有各自的时代局限性，谁也未必能代替谁。即便是同时代的人，经历不同，对待事物的见解和认识也会相距甚远。任何时代的个人都无法写出一本谁都认可的历史书。作为一名史学工作者，把自己亲身经历的时代、亲眼看到或直接听到的历史，经过认真思考和严肃研究后写下来，是我们无可推卸的历史责任。不同时代的人撰写的同一主题的作品，最终可以交给读者去比较，让他们得出自己的结论。

金之夏：您在 75 岁时动笔写《二十世纪中国史纲》，这一百余万字的著作为读者提供了很多新的史料和视角。它打破了中国传统史学的"王朝"史观，跨越了 1911 年和 1949 年两个关键历史节点，展现了一种全新的"世纪"意识。请您谈谈这本书的叙述及研究主线，以及您最想通过该书传达给读者的信息。

金冲及：20 世纪是一个不平凡的世纪，充满动荡和剧变。对中国而言，20 世纪更是决定我们民族生死存亡的 100 年。这段历史的显著特征是：剧烈、不停顿的社会变动和巨大的社会进步。在 20 世纪，中国经历了从传统帝国崩溃到现代中国崛起的艰难历程，内容极为多样，要书写如此丰富，甚至千头万绪的百年历史，可以有很多不同的视角。我在动笔时的一个基本思路，就是围绕"实现中华民族的伟大复兴"这一时代主题来论述。这是整个 20 世纪无数志士仁人顽强追求的目标，具体而言它就是"争取民族独立和人民解放、实现国家繁荣富强和人民共同富裕"这两大历史任务。

我在20世纪生活了70年，对这一巨变有着深刻的体会。我小时候曾亲眼看到外国人在上海的租界内外享受种种特权。新中国成立后，再没有外国人敢在中国的大地上横行霸道；而到20世纪末，更是"换了人间"。这种变化是怎么来的？无论革命、建设还是改革，对中国人来说都是第一次经历，没有现成答案，也缺乏成熟经验。因此，走出一条符合中国实际的道路，必须通过反复实践、逐步摸索，才能成功。我希望把这一探索与实践的过程呈现给读者，这是我写《二十世纪中国史纲》一书的初衷。我在该书结语中曾谈道："既然是探索，自然不可能把什么都预先弄得清清楚楚，都已有了百分之百的把握。周围的局势又往往那样危急而紧迫，不容许你从从容容地做好一切准备后再起步。许多事只能看准一个大的方向，便勇敢地往前闯，在闯的中间做种种尝试。其中难免会有风险，会有曲折。有时，人们的认识不符合客观实际，再加上不那么谦虚谨慎，还会付出很大的代价，碰得头破血流。人们只能在实践中不断总结成功的经验和失败的教训，发现问题就去解决，认识错误就去纠正，才能逐渐学会应该怎么做。路就是这样闯出来的。"

金之夏：您是《复兴文库》的总主编，请您谈谈出版这套文库的初衷及编选原则。

金冲及：《复兴文库》是在党的十九大结束不久，党中央批准实施的一项重大文化工程。全书共分五篇：第一篇集中选编1840年至1921年，体现民族觉醒、探索救国之道、传播进步思想的重要文献。第二篇选编1921年至1949年，中国共产党团结带领中国人民实现民族独立、人民解放，创建新中国的重要文献。第三篇选编 1949 年至 1978 年，党领导人民进行社会主义革命和建设的重要文献。第四篇选编 1978 年至 2012 年，改革开放以来发展中国特色社会主义的重要文献。第五篇选编 2012 年党的十八大以来，习近平新时代中国特色社会主义思想重要文献。经过五年的认真选编，在党的二十大召开之际，前三篇近二百册正式出版。这项工作目前仍在进行中。

实现中华民族伟大复兴，是中国近代历史的主题。一代代中华优秀儿女在探索和奋斗中创造了大量珍贵的精神财富。每当我们重读这些文字时，仍抑制不住内心的激动。要从一百余年来浩如烟海的历史文献中选编《复兴文库》，一定要有一个编辑原则，我简单概括为两句话："以民族复兴为总主题，以思想史为基本线索和编选逻辑。"

为什么要以思想史为基本线索？因为人们的行动从来是由思想指导的。有怎样的思想，就有怎样的行动。《复兴文库》就是要全面展现中华儿女为实现国家富强、民族振兴、人民幸福而不懈探索，深刻揭示中华民族走向伟大复兴的历史逻辑、思想源流和脉络。我们在文献选编时，力求做到历史和逻辑叙述的统一，脉络清晰、层次分明，使人一目了然。当然，思想和行动是无法分割的。人们关心的不只是仁人志士是怎么说的，更关心他们是怎样做的，因此在选稿时，《复兴文库》也特别关注反映前人为实现民族复兴采取的重大行动，以求读者对其中关键性节点留下生动真切的印象。

中华民族的伟大复兴，是一场接力跑。过去一百多年，中国共产党向人民、向历史交出了一份优异答卷。现在，党团结带领全国各族人民又踏上实现第二个百年奋斗目标的征程。《复兴文库》的出版，就是希望以宏大的视野展现中华民族由弱变强的奋斗历程，昭示民族伟大复兴已进入不可逆转的历史进程，力求为人们学习近代以来的中国历史提供宝贵的文献资料。

三、对青年学者的意见和建议

金之夏：改革开放后，您承担了中央文献研究室大量科研工作，同时还肩负着众多行政组织工作，又陆续在复旦大学历史系、北京大学历史学系招收十多名博士生。那么，在如何平衡学术研究和行政工作方面，您可以谈一谈自己的经验吗？

金冲及：如何平衡学术研究和行政工作，我的体会是要从内心打破"等"和"怨"两个观念：一是总想等万事俱备了再大展身手，二是总抱怨客观条件对自己的限制。在"等"和"怨"的过程中，时间就白白地浪费了，因此这都是徒劳无益的想法，只会起消极作用。积极的办法是"不等""不怨"，抓紧自己可以支配的每一点时间，主动学习和研究。从我的经验看，正是因为我始终抱着不等、不怨的心态，才能变压力为动力，也从中逐步体会到了一些好处。第一，正因为时间太少，行政工作太多，还常要加班，就格外珍惜时间，舍不得一点浪费。唐山大地震后，北京时常下暴雨，那时市民们都住在路边临时搭建的地震棚里，没有灯，我就打着伞坐在马路边，借着路灯阅读汤用彤的《汉魏两晋南北朝佛教史》。第二，因为时间有限，我总会盘算将有限的时间用在最值得投入的地方，并自觉努力提高时间利用率。例如，一边阅读原始资料，一边努力用心发现问题寻求答案。当看完基本文献后，文章的逻辑和层次也就逐步想清楚了，再动笔写作时，往往能一气呵成。在一定时间内，我除非因为其他临时工作不得不做调整，否则决不轻易改变研究的目的和步骤，一定要做到底。第三，主动承担一些行政工作，也有助于我们了解真实社会运作的复杂性。一个对现实社会生活缺乏了解和判断力的人，去研究几十年、上百年前历史上发生的社会变迁，恐怕难免会得出一些并不符合实际的书生之见。

金之夏：您在过去的研究中笔耕不辍，那么在史学写作方面，您有什么心得？

金冲及：我个人体会，写论文首先必须要提出一个有价值的问题。对于史学文章来讲，只有提出并解决了一个前人未曾注意或解决，但又对我们理解历史十分重要的问题，才能称得上是合格的研究工作。如果仅仅是简单叙述过去发生过的事情，这更偏向于整理工作。当然，这样的工作也是很有意义的。同时，我感到问题意识不仅是一个研究的方法，更是研究的动力。只有当脑中存在一个想解决的问题时，才能从容地面对浩如烟海的史料，钻入其中寻找答案。

在提出一个问题后，有三个步骤非常重要，就是针对你的题目，努力去"熟悉它、理解它、表达它"。要做到前两点，就必须在阅读文献时努力思考，带着问题阅读，才能在众多繁杂的档案中找到你苦苦寻求的答案。文献阅读最终要达到的目标，就是把材料"看活"，让它们不断在你脑海里再现，就像你亲身体验的有声有色的故事。

至于如何"表达它"，只要功夫下到，写作便水到渠成。特别值得注意的是，写作时需要时刻为读者着想，千万不能变成自说自话。胡乔木在这方面曾提出三点要求：一要吸引人看，二要使人看得懂，三要能说服人、打动人。在论文写作中，论人要努力切中要点，让读者一眼就能看出这些特点是所论人物独有而他人所不具备的，就好像面前站着这样一个活生生的人。论事应将事情放在大的历史背景当中，梳理清楚来龙去脉，讲明白所论之事在政治进程和思想发展中的地位、作用。论理要有理有据，心平气和，盛气凌人的态度是不可取的。这样讲出来的道理才能让人容易理解、易于接受。

金之夏：现在历史学科的分工越来越细，研究中国近代史的学者，对中国古代史、世界史的了解似乎越来越窄。请您谈谈，对待这个问题应该采取什么态度？

金冲及：现在人类的知识越来越丰富，学科分类也越来越细。因此，要求一个史学工作者通晓世界史、中国古代史、中国近代史知识的确是不容易的。但是，中华民族的历史是几千年相续至今的发展过程，不了解中国古代史和文化传统，又怎么能深刻体会今天的中国呢？同时，当下的世界已成为一个共同体，各国历史的发展都同中国有着千丝万缕的联系。因此，相关的世界史和中国古代史知识，都应当抽出时间来学习和补充。

我的专业是中国近现代史，但是我一直在积累中国古代史的相关知识。我在中学时代就读了很多中国古代史的书，当时的语文教材除四书外，还有《古文观止》《经史百家杂钞》《古文辞类纂》等。中学时期的作文都要求用文言文写，我在高中毕业前没有写过白话文文章。前面提到，我到文物出版社工作后，再次系统补充了大量中国古代史知识。20 世纪 90 年代，胡乔木同志曾要求我们写一本《毛泽东思想概论》。虽然这本书后来没有写成，但我记得，当时他在为此编写的提纲中特地加了一章"中国的历史文化和毛泽东"，他说："如果你不懂得中国的历史文化，就不可能真正了解毛泽东。"事实的确如此。

人类历史的发展是相互影响的。世界史中充满着许多动人的故事、名人的智慧和英雄的丰功伟绩。因此，世界史的名著如希罗多德的《历史》、兰克的《拉丁和条顿民族史》、吉本的《罗马帝国衰亡史》等，我都认真读过。至于世界史上的名人传记，我读得就更多了。我的体会是学习世界史，对我们研究中国近现代史常有巨大的启示。我在写《辛亥革命史稿》时，就曾认真读过好几个版本的法国大革命史和华盛顿传记，目的是了解法国、美国在资产阶级革命时期所面临的问题及其领袖们思考、解决问题的办法。我还阅读了一批第二次世界大战后亚非国家民族独立的专著，重点关注这些国家的民族主义思潮，以及领导民族独立的领袖们，如埃及的纳赛尔、印度的尼赫鲁和印度尼西亚的苏哈托等人的所作所为。在将欧美和亚非国家民族、民主革命同孙中山领导的辛亥革命相比较时，我得到许多重要的启示：它们之间都有类似的思潮和行动，存在着共同的客观规律，同时又有着明显的不同。这些都启发自己去思考各民族在类似目标下的各自特点。经过这样反复比较，才能找出世界各国在民族民主革命阶段共同的规律和不同的特点。如果没有这些世界史知识，研究中国民族解放运动的历程，只能是就事论事，很难提高研究水平。

当然，对每个研究者来讲，各有不同处境和兴趣，研究的手段和方法也不同。但我想做任何近现代史研究，必须在自己专业以外，对中国古代史和世界史都要有一些基本知识，努力做到知其然，也知其所以然。这样的功夫绝不会白费，一定会促进我们的中国近现代史的研究工作。

金之夏：您刚才提到了中国历史文化对研究近现代史的重要作

用。党的二十大提出："把马克思主义思想精髓同中华优秀传统文化精华贯通起来。"作为一名史学工作者，您认为应该如何正确对待传统文化？

　　金冲及：传统是历史的延续，自然无法割裂。因而当我们回顾历史时，无论好坏都不能随意割断。今天，讨论传统文化的着眼点是为了现实和未来，但必须站在昨天的历史基础之上。这就像我们刚结识了一位新人，怎样才能成为好友？首先要了解他的成长经历、性格特点和待人处事的方式。实现中华民族伟大复兴也是同理。一个民族在长期发展过程中形成的民族性格，是不可能轻易抹掉的。

　　客观分析传统文化才是我们应当持有的态度。中国传统文化在长达两千年的历史中形成，这其中既有统治阶级的意识形态，也有社会逐渐形成的公序良俗。中国在实现民族复兴的征途中，就是在不断冲破传统。传统文化中有许多糟粕，如特权、等级观念、小生产意识等，这些自然是我们要抛弃的，同时也有许多优秀文化永远值得我们继承。因此，我们要批判民族文化虚无主义，但也要在弘扬民族优秀文化的同时，警惕国粹主义和复古主义。

　　金之夏：您对青年学者在历史研究中如何坚持马克思主义历史理论有什么建议吗？尤其是应该如何处理马克思主义历史理论与中西方其他历史理论之间的关系？

　　金冲及：历史研究自然离不开理论的指导。不是受正确理论的指导，就是受错误理论的误导。理论是历史和现实经验的逻辑概括，在读马列经典著作时，关键是要学习他们分析问题的方法，用于指导我们观察、研究具体历史现象、历史问题，而不是套用已有的言论。正如恩格斯在《反杜林论》中所指出的："原则不是研究的出发点，而是它的最终结果……不是自然界和人类去适应原则，而是原则只有在适合于自然界和历史的情况下才是正确的。这是对事物唯一唯物主义的观点。"

在历史研究中，我们必须坚持唯物史观的指导，同时又要避免两种错误倾向。一是教条式的马克思主义。如果把马克思主义理解为一成不变的教条，不顾客观社会条件的变化，生硬地搬用马克思主义著作中词句来分析当前的问题，用来指导工作，这本身就同生动活泼的马克思主义科学精神背道而驰。二是无视马克思主义理论体系的开放性。列宁曾将德国古典哲学、英国古典政治经济学和法国空想社会主义这三个资产阶级学说确认为马克思主义的重要来源。马克思和恩格斯没有排斥这些理论，而是认真研究它们，吸收其中的有益部分，逐步使之成为构筑自己学说的重要理论来源。马克思主义批判地继承和吸收了人类文明发展的成果和智慧，所以其学说能够高人一筹。我们必须像马克思、恩格斯一样，努力从各种理论及知识中汲取营养，才能不断发展完善马克思主义，用来更好地指导我们的工作。马克思和恩格斯去世之后，世界发生了翻天覆地的变化，特别是进入 21 世纪以来，随着信息时代的来临，自然科学和社会科学都有了惊人的进步，产生大量符合科学规律的研究成果。如果对一切非马克思主义的研究方法和研究成果都简单排斥，那是违反马克思主义精神的。

最后还想对年轻朋友说一句：参加工作后，路一定要走对，无论理论方法，还是研究方向。记得 1952 年我任复旦大学团委书记时，曾邀请当时上海警备区司令郭化若来学校为毕业生演讲，他说的一段话至今给我留下深刻印象：你们马上就要走出校园，步入社会。方向怎样把握非常重要，就像刚出厂的汽车，最初上路时，稍微偏一点，并不明显。但开出一段后，彼此间的距离就会越来越大，再想调整，困难就会更大。因此，路怎么走，方向非常重要。愿以此话和年轻朋友们共勉。

（金之夏，英国牛津大学历史学系博士研究生。

载《史学理论研究》2023 年第 3 期）

外二篇

论中央红军第四次反"围剿"斗争

问题的提出

了解中国共产党历史的读者，都熟知土地革命时期国共两党有过五次"围剿"和反"围剿"。而中央红军和工农政权所在地的各场斗争影响最为重大。

对这五次斗争中的第一、二、三次和第五次，毛泽东同志的《中国革命战争的战略问题》和中共中央《关于若干历史问题的决议》做了细腻的叙述和深刻的分析，在人们心中已形成普遍的共识。

但对情况异常复杂，而毛泽东同志又被迫一度离开部队时发生的第四次反"围剿"，在史学著作中却似乎缺乏全局考察和具体分析，甚至会产生误解。一部很有成就和影响的多卷本著作中，有一章《王明"左"倾冒险主义的军事战略和革命战争的严重挫折》，其中包括着并列的两节：第三节是《红一方面军第四次反"围剿"》，第四节标题用词几乎一模一样，只改了一个字而成为《红一方面军第五次反"围剿"》。我很不了解作者的想法，但这种表达很容易被理解成：第四次和第五次反"围剿"的指导思想都是"左"的，从而引向以后的失败。这看来未必是作者的原意，但多少反映了认识上的含糊和片面性。这个问题看来仍值得进一步研究和讨论。

第四次反"围剿"，是蒋介石集团的重大战略决策

中国工农红军为什么要发动那么多次反"围剿"斗争？原因在于蒋介石集团对工农红军和革命根据地一再发动大规模的"围剿"。没有这种极端残酷的"围剿"，也就不会有反"围剿"斗争。

为什么蒋介石此时发动比以往规模更大的第四次"围剿"，并且抱有极大的决心。这需要从当时国内外局势的演变来观察和分析。

20世纪30年代的最初几年，中国政治生活中接连发生了几方面的重大变化。第一，1931年9月，日本军国主义者发动"九一八事变"，强占中国东北地区。1932年1月，日军又在上海发动"一·二八事变"，猛烈攻击中国最富庶的江浙地区，南京政府被迫迁都洛阳。"中华民族到了最危险的时候。""抗日救亡"的呼声在全国民众中沸腾。这是现代中国社会各方面发生的最大变化。第二，北伐战争结束后，南京政府宣称中国已经"统一"。但对蒋介石不满的阎锡山、冯玉祥、李宗仁、张发奎等人，手握重兵80万，公开揭竿反蒋，国民党内一批政客也加以支持，双方兵力相当，一时难分高下。1930年3月，中原大战爆发。这对蒋介石是生死攸关的考验，自然一时顾不上再抽更多力量进行"剿共"。直到9月中旬，张学良率东北军主力入关支持蒋介石，阎、冯集团解体，局面发生根本变化。第三，"九一八事变"后，由于民众对民族危亡的愤怒迅猛高涨，又由于国民党内部蒋介石、胡汉民、汪精卫三派严重分裂并导致两广军人同南京政府对立，蒋介石不得不在事变后三个月的1931年12月15日辞去国民政府主席、行政院院长、陆海空军总司令等职，宣布下野。这对蒋是极大的打击。可是，在南

京政府内部又难以找到代替蒋介石能控制各方面势力的人物。1932年3月6日，国民党中央又决定蒋介石为军事委员会委员长，由他统率南京政府属下的全部军队，以后很长时间内一些官员通常称他为"蒋委员长"。这样，他又有了可以指挥自己嫡系、地方部队和各路杂牌军的"名正言顺"的权力。但从被迫下野到再度登台，一切需要全盘掂量，他的心情无疑格外复杂。

这就是蒋介石准备发动第四次"围剿"时的特殊背景。重新掌握南京政府军事大权的蒋介石需要迅速做出选择和决断的大事有两件：一件是否全力北上抗日，那是符合中华民族利益、最能得到绝大多数中国人支持的，这件大事他不能不有所考虑；另一件是要不要继续以主力南下"剿共"，这是违反中华民族利益、受到大多数爱国民众痛恨和反对的。而蒋介石内心最看重的恰恰是反共，在他看来这是决定他生死成败的根本，但他也担心日本军国主义者的步步进逼，担心激起民众中的强烈怒火和反抗行为。在这个问题上怎样断然下决心，他依然感到两难。看一看1932年国民党中央四届二中全会前后蒋介石的日记，就很清楚。

1932年9月，他在日记中写道："今日所谈者为北方问题，如不先掌握热河，则对日无从交涉也。外交则不能强进，只有待机，中央则与汪合作也。此时党国病入膏肓，对外无论如何危急，只有按步进行；对于战争准备，尤不可急求。惟有尽我心力而已。对于国内政治，亦只有尽力改革，不能急激求成也。"[1]12月间他还在考虑：昨夜半醒后，思虑倭寇赤匪与华北处置。反共和抗日两者的轻重安置，已经到了非下决心不可的时候了。国民党四届二中全会

---

[1] 蒋介石日记，1932年9月10日，中国社会科学院近代史所藏抄件。

正是在这时召开的。

　　进入 1933 年，蒋介石集中力量反共的"决心"已经下定。他在 1 月 20 日日记中写道："近日甚思赤匪与倭寇二者，必舍其一而对其一。如专对倭寇，则恐明末之寇乱以至覆亡，或如苏俄之克伦斯基，及土耳其之青年党，画虎不成，贻笑中外。"[1]29 日，他在日记中又明白地写道："余决先剿赤匪而后对日，此次来赣，即所以决定大政方针也。"[2]他指明这次"围剿"不是发动一次通常的战役，而是实现他心中关乎全局"大政方针"的关键举措。不难看出第四次"围剿"在他全盘谋划中所居的重要地位。

中央革命根据地的状况

　　蒋介石发动的第四次反共"围剿"，重中之重自然是中央红军所在的中央革命根据地。

　　中国共产党领导的中央革命根据地，大体范围在赣西南和闽西的农业地区，居民有三百多万人。这个地区已经实行"耕者有其田"的土地制度改革，居民多已由各种形式的群众团体组织起来。在中央苏区内部基本上肃清了地主武装，中央红军在 1930 年 8 月整编为中国工农红军第一方面军，朱德任总司令，毛泽东任政治委员，彭德怀任副总司令，兵力约六万多人，大多是翻身农民，同群众有密切联系，取得三次反"围剿"斗争的胜利。

　　这时正值"左"倾错误取得优势地位的中共六届四中全会前后。中央革命根据地党组织的领导关系一再变动，有些混乱。1930 年

---

[1] 蒋介石日记，1933 年 1 月 20 日。

[2] 蒋介石日记，1933 年 1 月 29 日。

10月，中共中央政治局决定周恩来、毛泽东、项英、任弼时、朱德等组成苏区中央局，以周恩来为书记，统一领导全国各苏区的工作。但周恩来一时难以离开，还在上海处理中共中央的日常工作，只能由项英先去中央革命根据地，暂代书记一职。四中全会后，中央政治局常委又在1931年3月派任弼时、王稼祥、顾作霖组成中央代表团到瑞金，使中央革命根据地的领导关系变得十分复杂。这年12月，周恩来到达瑞金，就任苏区中央局书记。

摆在中央苏区面前的各种问题中，最突出的是军事问题。此时，正处在第三次反"围剿"和第四次反"围剿"斗争之间，双方的军事决策和部署尚未完成，仍处在局部拉锯式的战斗中。红军在这以前曾进攻过赣南重镇，没有成功。1932年1月，临时中央作出《中央关于争取一省与数省首先胜利的决议》，要求把中央苏区同周围苏区联成一片。毛泽东、周恩来复电临时中央，明确表示进攻中心城市有困难。临时中央又来电要求至少选一个重要城市攻打。苏区多数领导人当时对赣州守军兵力估计过低（原来以为只有8000人，实际上有18000人）。红三军团苦战一个月，只能退出。这是一次失败。接着，苏区中央局扩大会议决定兵分两路，由东路军攻占福建商业中心和军事重镇漳州。毛泽东在5月3日给中央局的电报中写道："此次东西两路军的行动完全是正确的。"[1] 这是第四次反"围剿"前夜有胜有负的拉锯式战斗，还谈不上反"围剿"的全局性的胜负。

这次战役后，到达中央苏区不久的周恩来以中共苏区中央局代表的身份赶往军情日趋紧张的前方，和毛泽东、朱德、王稼祥一起

---

[1]《毛泽东军事文集》第1卷，军事科学出版社、中央文献出版社1993年版，第271页。

组成前方军事最高会议，而由任弼时任苏区中央局书记。这期间前后方产生不少不同意见。苏区中央局根据临时中央的意见，一再催促一方面军向北出击，威胁南昌，并进攻其他重要城市。由于意见不同，前方的周、毛、朱、王在9月23日致电中央局转中央，提出："出击必须有把握胜利与消灭敌人一部，以便各个击破敌人，才是正确策略，否则急于求战而遭不利，将造成更严重错误。"他们主张："准备在运动战中打击与消灭目前主要敌人为目前行动方针。""在这一行动中必须估计到敌情将有变化，当其有利于我们出击时，自然要机动地集中兵力去作战"。[1]这是第一、二、三次反"围剿"斗争一贯的方针。

双方的矛盾不断激化。几天后，苏区中央局全体会议在10月间召开，这次会议后来被称为"宁都会议"。会上，留在后方的领导人集中攻击毛泽东。苏区中央局的《宁都会议经过简报》写道：他们"提出由恩来同志负战争领导总责，泽东同志回后方负中央政府工作责任。因恩来同志坚持要毛同志在前方助理，或由毛同志负主持战争责任、恩来同志亦在前方负监督行动总方针责任。在大多数同志认为毛同志承认与了解错误不够，如他主持战争，在政治与行动方针上容易发生错误。最后是通过了恩来同志第一种意见，但最后批准毛同志暂时请病假，必要时到前方"[2]。

"宁都会议"的决定是极为错误的。而周恩来、朱德对毛泽东历来十分尊敬，在实际工作中继续听取并推行他的基本主张。中央根据地的将士们早已熟悉红军和第一、第二、第三次反"围剿"取得胜利的战略原则和战斗作风，有着强大的战斗力。这是下一步取

---

［1］《周恩来军事文选》第1卷，人民出版社1997年版，第183、184页。

［2］中央档案馆编：《中共中央文件选集（1932）》，中共中央党校出版社1991年版，第530、531页。

得胜利必需的条件。

这时，蒋介石发动第四次"围剿"的部署尚未就绪，双方的军事冲突暂时还处于局部性。临时中央和后方的苏区中央局强硬要求前方红军全力攻下国民党军重兵坚守并有大量援军前来的南丰城，认为这才符合"进攻路线"。周恩来、朱德当机立断，不待请示苏区中央局和临时中央，将红军主力秘密撤至南丰西南隐蔽集结，待机歼敌，为以后第四次反"围剿"胜利埋下了伏笔。"宁都会议"这场不算小的风波，终究没有能根本改变前方领导原定的作战路线和方针。

第四次反"围剿"斗争的胜利过程

第四次反"围剿"大体开始于 1932 年底和 1933 年初之间，主要是在 1933 年初进行的。这以前在第三次反"围剿"取得胜利后，虽然双方还经历过一系列大小不等的战斗，但那还不足以构成一次全局性的"围剿"和反"围剿"的斗争。

1932 年 11 月 24 日，周恩来已经敏锐地察觉蒋介石的企图和部署，发出《为粉碎敌人第四次"围剿"的紧急训令》，指出："现在，蒋介石已动身来赣。以朱绍良为右翼，率领在湘鄂赣及湖南的八个师；以蒋、蔡为左翼，率领十九路军及毛、刘、卢、赵八个师及戴岳一旅；蒋自任中路，率领陈诚十八军及吴、孙、李、许十个师，并预备从湖北调两个师，从安徽调徐庭瑶第四师来赣。"周恩来把它归结为一句话："我们要认定敌人大举进攻的战火就在眼前。"[1]

---

[1]《周恩来军事文选》第 1 卷，第 208、209 页。

《紧急训令》对敌情的了解和分析是完全正确的。12 月 22 日，国民党四届三中全会发表宣言，写道："赤匪奔突，村邑为墟，腹地既残，藩篱不治，遂致安内攘外，兼顾两难。"[1]那也就是公然以国民党中央全会宣言的形式清楚指明："安内攘外，兼顾两难"，必须"不顾""攘外"，而以全力来"剿共"。

一场规模更大的"围剿"行动就要开始了。

蒋介石把这次"围剿"看作实现他"大政方针"的行动，对这次行动的军事部署下了很大决心，抓得很紧。1933 年 1 月他调集三十多个师、五十多万兵力，分左、中、右三路对中央苏区发动第四次"围剿"。三路中，以陈诚为中路军总指挥，中路军称为"进剿"军，是蒋介石的嫡系部队，约 12 个师，16 万人，担任"围剿"的主攻任务。在福建的蔡廷锴为左路军总指挥，粤北的余汉谋为右路军总指挥，这两路都称为"清剿"军，负责就地"剿办"。蔡、余都是粤军，接近桂系，曾反过蒋。因此，第四次"围剿"的主力就是陈诚率领的中路军。这是蒋介石心目中最可靠的嫡系王牌部队。

蒋介石 1933 年 2 月 3 日日记中写道："到赣以后，进剿计划略定，调动军队开始，惟粤为桂方牵累，不能如命，是亦无碍大计。"[2]从这段话中可以看到：一、蒋介石在 1933 年初亲自到江西后"进剿计划略定，调动军队开始"，足见这次对中央红军和中央革命根据地的大规模进攻（也就是所谓第四次"围剿"）是从 1933 年 1 月开始行动的。二、蒋介石也明白左、右两路粤军虽有一定战斗力，但并不可靠，真正视为依靠的是陈诚的中路军。

第四次反"围剿"开始时，周恩来、朱德正在前方，深入了解

---

[1]　高素兰编：蒋介石档案《事略稿本》卷 17，台北"国史馆"2005 年版，第 687、688 页。

[2]　蒋介石日记，1933 年 2 月 3 日。

敌情，发扬以往三次反"围剿"斗争的经验，明确了第四次反"围剿"斗争的战略指导思想。

1933 年 1 月 23 日，周恩来和朱德联名致电中央局、中央政府急转中共中央，电文主题是《集中力量消灭抚赣敌人是粉碎第四次"围剿"的关键》。电文说："在此时机先发制人，集中一切力量消灭抚、赣（注：指抚河、赣江，为陈诚中路军主力所在地）敌人主力，成为四次战争生死关键，亦苏维埃中国胜负所系。"[1]这个意见抓住了应该集中力量解决的"关键"，奠定了第四次反"围剿"斗争成功的基础。

1 月 27 日，周恩来在作战过程中又致电中央局、中央政府并转中央："现时敌既执行其组织三个'进剿'军与'清剿'军坚守城防的进攻部署，我自须夺取先机，立即转移作战地区，调动敌人以破坏其进攻部署，转移抚河西岸即由此。"[2]这又是根据敌方军事部署的变动，夺取先机，以破坏敌方的进攻部署。

1 月 30 日，周恩来又以《消灭敌人主力是取得坚城的先决条件》为主题致电中央局并转中央，十分明确地表示："中央累电催我们攻破城防，与我两电所陈战略实有出入。但我终觉消灭敌人尤其主力，是取得坚城的先决条件。敌人被消灭，城虽坚，亦无从围我，我可大踏步地直入坚城之背后，否则徒损主力，攻坚不下正中敌人目前要求。中央局诸同志同意此意见否，望于明日简电复，过期因时机不容再缓，我当负责决定，同时仍请中央给以原则指示。"[3]这种坚决反对当时中央提出的重在取得坚城的错误思想、主

[1]《周恩来军事文选》第 1 卷，第 236 页。

[2]《周恩来军事文选》第 1 卷，第 242 页。

[3]《周恩来军事文选》第 1 卷，第 245 页。

张消灭敌人主力是取得坚城先决条件的主张，是多么宝贵的战略指导思想和精神财富。

这些指导方针明确、中肯、坚决，是第四次反"围剿"斗争所以能取得巨大胜利的关键所在，也是对第一、二、三次反"围剿"斗争胜利的直接继续和丰富。第四次反"围剿"斗争取得的巨大胜利，正是按照中国共产党内坚持正确路线的领导人历来的设想一步一步发展的，是不容忽视的。十分重要的是，第四次反"围剿"不仅战略思想在总体上是正确的，同前三次反"围剿"是一致的（尽管有过严重的争执和曲折），而且在战争实践中取得了歼敌的事实。

中央红军在取得粉碎第三次反"围剿"胜利后，苏区地域有很大发展，以广昌、宁都、瑞金为根据地，向四周发展游击作战，并采取重点突破的战术，有着较宽裕的回旋余地。国民党军队在1933年1月初开始第四次"围剿"行动。其主力中路军原分驻赣江两岸的吉安、泰和、安福、吉水等地区，这时移驻宜黄、临川准备发动进攻。但他们同民众完全脱离，不仅行动迟缓，还很快被红军侦知。红军采取先发制人的主动战术，集中第一、第五军团等主力，全歼黄狮渡守军一个旅，并向临川进攻，这就打乱了国民党军队的原定部署。

2月下旬，国民党军队根据蒋介石"分进合击"的方针，开始向中央苏区实施大规模"围剿"，主力中路军（第一纵队）指挥官是第五军军长罗卓英，他长期担任陈诚在军事上的主要助手。第一纵队下辖第十一、五十二、五十九师，部队的各级军官很多是黄埔生，武器装备、训练和给养都较好。这是中路军的主力，也是周恩来1月30日电报所说的"消灭敌人尤其主力，是取得坚城的先决条件"中所指的对象。

兵力如此众多，又较精锐的武装集团，怎么能够轻易地被分割消灭？看起来真有些奇怪。据此时正在该军的杨伯涛回忆："这时，（国民党的）军指挥机构还没有来得及成立。第十一师驻临川东馆附近，但其第五十二、第五十九师远在安福、吉安一带，还隔一道赣江，需作数百里的长途行军，才能到达宜黄、乐安间的战略展开位置。为了保守秘密，有人建议陈诚应该绕道远后方，经白区安全地带再向属于苏区的黄陂作正面开进。但由于陈诚的一贯轻视红军，在蒋介石面前急切邀功，中路军总部竟命令该两师取捷径经吉安、永丰到乐安。在乐安又停留数日再由乐安进入苏区作侧敌行军。令其第十一师由临川现地出发，经宜黄到黄陂、东陂与该两师会合。"[1]这样，中路军第一纵队这三个主力师不但没有很快握成一个强有力的拳头，反而形成便于红军各个击破的格局。

还有一点十分重要：在中央革命根据地内，群众得到广泛的发动，还有着一定的武装。国民党军队虽装备较好，但对革命根据地内部的情况却有如两眼漆黑，不知所措。时任红十一军政治委员的萧劲光回忆道："在此期间，我地方游击队在主力红军行动的左右积极活动，使敌人捕捉不到我真正的主力所在，直到伏击战打响，敌人还以为是游击队。"[2]

"黄陂地区山峦叠起，古木参天……有一条弯弯曲曲的峡谷地带，是敌人的必经之路。我们的一、三、五军团和二十一、二十二军，就埋伏在两侧的山上。那几天适逢连日阴雨，又浓又密的毛毛

[1] 杨伯涛：《陈诚中路军第四次"围剿"中央苏区以失败告终》，《"围剿"中央苏区作战秘档》，中国文史出版社 2007 年版，第 143 页。

[2] 《萧劲光回忆录》，解放军出版社 1987 年版，第 129 页。

雨罩着峡谷，浸没了山头。"[1]

2 月 26 日，国民党军第五十二师师长李明率部从乐安出发向黄陂前进，对红军十分轻视。行至鮫河高山鞍部，队伍拉得很长。红军第一、第三兵团占领两侧阵地，突然展开猛攻。李明最初还以为是游击队，该师正在蜿蜒数十里的山地隘路行军，无法集结进行有组织的抵抗，因此，部队被红军截成数段，使团与团、营与营之间的联络俱为隔绝，陷于各个被围的态势。激战五六个小时，李明中弹落马，伤重死去，该师全部被歼。

国民党军第五十九师在 2 月 20 日从乐安以东出发，向黄陂前进。"获悉红军第五军团昨夜由东边出发，走了八十多里路刚刚到达这里。"[2]他们已听到第五十二师的枪炮声，但情况不明。于是决定在现地占领阵地，企图同第五十二师取得联系。28 日凌晨发现第五十二师已被红军紧紧包围。激战后，第五十九师也溃不成军，基本被歼，师长陈时骥被俘。

时任红三军团政治部组织部长的黄克诚回忆："我们对敌军的指挥调动可以了如指掌，而敌人进入中央苏区之后，由于群众封锁消息，敌人对我军的行动毫无所知。"国民党军第五十二师和五十九师分两路南进，对红军的行动毫无察觉，摆成一字长龙前进。"我红一方面军主力对该两师发起突然猛攻，将敌行军纵队拦腰截成数段。经两天激战，将该师之敌全歼。""俘敌官兵一万六千余，缴枪一万五千余。"[3]

---

［1］《耿飚回忆录》，解放军出版社 1991 年版，第 165、166 页。

［2］方靖：《第五十二师和第五十九师被歼纪略》，《文史资料存稿选编》第 4 卷，中国文史出版社 2002 年版，第 406、407 页。

［3］《黄克诚回忆录》，解放军出版社 1989 年版，第 183、185 页。

现在轮到粉碎国民党军中路军主力第十一师了。第十一师是陈诚部中的骨干。当时流行把陈诚的部队称为"土木系"。其中的"土"字就是由第十一师番号中的"十"和"一"合成而来（后以第十一师为骨干扩编为第十八军，"木"字就是由"十"和"八"合成）。第五十二、五十九师相继失利时，第十一师已行进到黄陂方面，只救援收集到第五十九师一些残部。但第十一师师长萧乾认为该师在1932年解赣州之围时，曾给红军沉重打击，因而骄傲自满，对红军有轻敌心理，继续孤军奋进。

3月20日，第十一师抵达宜黄东陂以南的草台冈。这一带地形复杂，高山重叠。据时任第十一师旅长的黄维回忆："第十一师对当面红军情况，原来毫无所知，只是盲目前进而已。这天下午三四点钟到达草台冈附近，受到红军有力阻击。他们从被俘红军士兵处了解，红一方面军主力全部已集中到这地区附近来，准备要打第十一师。"他还说道："次日将近拂晓以前，红军首先由霹雳山方面发动猛攻，而草台冈东西两面红军也展开了攻击，于是形成了南端以霹雳山为中心顶点的马蹄形包围攻势，势极猛烈。对于第十一师的各个阵地支撑点（据点）都同时用其突击部队一波接一波，前仆后继，不顾牺牲地向之反复突击。如是全面激烈战斗到将近中午，在第三十二旅的阵地方面，首先是第六十六团在霹雳山的阵地被红军突破了。虽然该旅是一个山头一个山头的顽强战斗，但是红军所突破之处，逐渐扩张，以致不可收拾，使第十一师逐渐崩溃溃退，但战斗以致持续到下午接近黄昏，才完全结束。"

黄维还生动地讲到陈诚在得知第十一师溃散时的情况说："当他接到第十一师溃败的报告后，当时就脸色苍白，手拿着电话发抖，并向他身边的樊崧甫说：'第十一师失败了怎么办？'樊回答说：'再不要逞英雄了，要立即电报蒋介石，老实说，没有把握，请求增派大军来江西，仗不是你全打得了的。'正在这顷刻之间，陈诚急得吐了几口血（樊是当时第七十九师师长，是陈诚任见习官、排长时的连长，两人私人关系很密切。以上情形是樊传说出来的）。"[1]

参加消灭第十一师战役的红军师长李聚奎在回忆录中写道："黄柏岭是紧临草台岗南面的制高点，高约五六百米，山坡陡峭，易守难攻。""黄柏战斗，我军虽然伤亡较大，但消灭了蒋介石的嫡系部队国民党第十一师大部和九师一部，敌师长萧乾和他们的参谋长，还有三十二旅旅长均被我们击伤，击毙了三个团长，打死敌人两千多人，俘虏敌人一千七百多，还缴获了大批武器弹药。我军在黄柏岭的大捷宣布了蒋介石第四次'围剿'的彻底失败。"[2]

第十一师、第五十二师、五十九师在极短的几天内溃散，让蒋介石策划已久的第四次"围剿"化为泡影，再也无法打下去了。

为什么在短时间内能取得这样的重大胜利？除了红军的高度政治觉悟、英勇无畏、作战灵活外，自然也同作战具体指挥有关。周恩来后来讲到第四次反"围剿"胜利的体会时说道："胜利也由于前线的机动（变遭遇为伏击，无论如何是前线机动的成功），另一个原因又由于我们敌情明了，这也是兢兢业业得出的。"[3]时任红十二军军长的张宗逊回忆道："红一方面军在周恩来、朱德同志的领导下，仍然是根据毛泽东同志的军事思想，运用前三次反'围剿'

[1] 黄维：《第十一师在宜黄以南的溃散情况》，《文史资料存稿选编》（十年内战），中国文史出版社2002年版，第410、411页。

[2] 《李聚奎回忆录》，解放军出版社1986年版，第109、111页。

[3] 周恩来讲话，1943年6月15日。

的经验，乘敌军'围剿'部署尚未完成，诱敌深入就范，尔后采用大兵团伏击战法，集中优势兵力，聚而歼之。"[1]

结　语

现在回过头来再探讨中央红军的第四次反"围剿"斗争，应该怎样评论？

讨论这个问题，必须以当时的事实为出发点。

前面说过，"九一八事变"后，蒋介石一度被迫下野，"一·二八事变"后又重新出任军事委员会委员长。在国难极端深重的状况下，他在国民党四届三中全会前后不顾国人指责，确定继续把"围剿"中国共产党置于"挽救民族危机"之前，并且设立委员长南昌行营，经常亲驻江西，指挥对中央革命根据地的"围剿"，把它作为关乎全局的"大政方针"、他心目中的头等大事。以前，国民党的"围剿"军大多是调用地方军阀的部队，而第四次"围剿"的主力却是蒋介石嫡系部队中最受他信任的陈诚部队，并且把它放在第一线，寄以极大的希望。1933 年 1 月 5 日他致电陈诚："昨未见来杭，中（正）定本日回京，望即来京一晤，以中须即日离京也。"一周后，他又致电正在江西抚州的陈诚："昨电谅达。希积极负责进剿，如兵力不足，第十师及独立三十二旅亦可参加。此时须集中有力部队于一路，断绝其窜回老巢之路，故须先进占要点，使其来攻，相机而聚歼之。本日汇十万元谅到。"[2]他直接给陈诚的函电、指示、商议非常多，可见他对陈诚信任之深，期望之殷，以为这一次"围剿"在

---

[1]《张宗逊回忆录》，解放军出版社 1990 年版，第 112、113 页。

[2]《陈诚先生书信集——与蒋中正先生往来函电》（上），台北"国史馆"2007 年版，第 83 页。

陈诚具体主持下将取得巨大的成功。

周恩来、朱德却依据前三次反"围剿"的经验，结合实际，灵活运用：诱敌深入，集中兵力，迅速围歼对方主力。当时，陈诚中路军的主力共 3 个师。红军在周、朱指挥下，以大兵团伏击战的方式，利用恶劣天气和险恶地形，在敌军措手不及的情况下，几天内全歼这 3 个师，不仅速度极快，并且给敌以毁灭性的打击。国民党第十八军训练科长周上凡在《陈诚部在第四次"围剿"中被歼记》一文中写道："第五十二、五十九师号称三万之众，仅逃来宜黄 20 多人，有如丧家之犬。"[1] 蒋介石、陈诚视为可靠的精锐部队如此迅速地被歼，更是他们万万没有想到的。

3 日，蒋介石致陈诚"万急"电并转各路官兵："我军此次进剿，不幸第五十二与五十九两师在固冈、霍源横遭暗袭，师长殉难"，"此乃为本军未有之惨事……中正接诵噩耗，悲愤填膺"。6 日，他又给陈诚"手谕"，写道："此次错失，悽惨异常，实为有生以来惟一之隐痛。"[2] 蒋介石以"有生以来惟一之隐痛"来自责，实属罕见。也可以看出中国共产党领导的第四次反"围剿"给予一向目中无人的蒋介石的打击是何等不同寻常。把这句话反复玩味一下，不难恰当地判断第四次反"围剿"斗争在中国共产党历史上应处的地位。

对陈诚这位爱将，蒋介石也不得不给予严厉处分，4 月 8 日手令："该总指挥骄矜自擅，不遵意图，着即降一级，并记大过一次，以明功罪，而昭赏罚，此令。"[3]

当然，不能说在这次反"围剿"斗争中没有任何失误。如这次

[1]《"围剿"中央苏区作战秘档》，第 178 页。

[2]《陈诚先生书信集——与蒋中正先生往来函电》（上），第 85、86 页。

[3]《陈诚先生书信集——与蒋中正先生往来函电》（上），第 90、91 页。

战役后期东方军的入闽作战是不适当的，但这终究是局部性的问题，并不影响对第四次反“围剿”斗争的总体评价。

再来看中国共产党，特别是毛泽东对第四次反“围剿”斗争怎样看。这方面最重要的文献是毛泽东在 1936 年 12 月所写的《中国革命战争的战略问题》，此时距第四次反“围剿”斗争只有三年多时间。

他对第四次反“围剿”斗争及其背景做了一段简明而又中肯的论述：“第四次‘围剿’时情况是：敌分三路向广昌进，主力在东路，西路两师暴露于我面前，且迫近我之集中地。因此我得以先打其西路于宜黄南部地区，一举消灭李明、陈时骥两个师。敌从左路分出两个师配合中路再进，我又得消灭其一个师于宜黄南部地区。两役缴枪万余，这个‘围剿’就基本地打破了。”[1]

这里，最重要的一句话是：“这个‘围剿’就基本地打破了。”这是一句历史结论。蒋介石花了那么大力量组织起来的第四次“围剿”，尽管也经过一些起伏波折，最终还是被打破了，而且失败得十分惨。红军的第四次反“围剿”斗争最后是胜利了，成功了。这是对第四次反“围剿”应有的基本历史评价。应该牢记毛泽东所说的“这个‘围剿’就基本地打破了”，不能把他这种重要论断淡化以至忘却了。

毛泽东对第四次反“围剿”斗争，谈到过多次，多持肯定态度。他在总结反“围剿”斗争经验时，第一条是“必须打胜”，要求“确有把握而后动手”。他在列数第一、二、三次反“围剿”斗争的经验后，接着写道：“第四次反‘围剿’时攻南丰不克，毅然采取了退却步骤，

---

[1]《毛泽东选集》第 1 卷，第 220 页。

终于转到敌之右翼，集中东韶地区，开始了宜黄南部的大胜仗。只有第五次反'围剿'时全不知初战关系之大。"这段话充分肯定了第四次反"围剿"中的作战指挥，但也指出胜利后向福建进攻时"惧怕根据地的一部被占，而反对集中兵力，主张分兵把守，结果都证明不对"。[1]

在谈到速决战要充分估计各方面情况时，毛泽东又写道："江西打破第一次'围剿'，从初战到结束只有一星期，打破第二次'围剿'只有半个月，打破第三次'围剿'就熬上了三个月，第四次是三星期，第五次就熬了整整的一年。"在谈到歼灭战时，他写道："对于第一、二、三、四次'围剿'，我们的方针都是歼灭战。每次歼灭的敌人对于全敌不过是一部分，然而'围剿'是打破了。第五次反'围剿'时，采取了相反的方针，实际上是帮助敌人达到了他们的目的。"[2]不难注意到，当毛泽东谈到反"围剿"的成功经验时，总是把第一、二、三、四次反"围剿"斗争的成果和经验并举。而对第五次反"围剿"就完全是另一种态度，尖锐地指出它几乎断送了中国革命。从这种比较中，可以清楚地看到他把第一、二、三、四次反"围剿"严格分别于第五次反"围剿"。

红军高级将领中类似的评论很多。萧劲光认为："虽然王明'左'倾冒险主义排斥了毛泽东同志的正确领导，然后，周恩来、朱德同志运用前三次反'围剿'的成功经验，从实际出发，毅然撤围南丰，实行战略退却，同时采取灵活机动的战略战术，诱敌深入，声东击西，避开敌人进攻的锋芒，分割敌人，然后集中优势兵

---

[1]《毛泽东选集》第1卷，第221、226页。
[2]《毛泽东选集》第1卷，第235、237页。

力，各个歼灭，从而取得了第四次反'围剿'的重大胜利。"[1]

至于第五次反"围剿"，情况确实同前四次根本不同。那时，以博古为首的临时中央迁入中央革命根据地，大权独揽，全力推行"左"倾教条主义路线，推翻前四次反"围剿"时的正确路线方针，提出"御敌于国门之外"，采取消极防御的战略方针，同敌人拼消耗。再加上临时中央在政治、经济、群众工作等方面一系列"左"的严重错误，导致第五次反"围剿"斗争的失败，几乎葬送了中国革命。

简单地比较一下，就可以清楚地看到：第一、二、三、四次反"围剿"斗争同第五次反"围剿"的根本不同，也可以清楚地看到：党的路线正确与否，对革命事业的成败在相当程度上起着决定性作用。

最后，我想做个强调：这篇关于第四次反"围剿"斗争的论文其实并没有什么新见解，不过是重述前人已有的见解，并同学术界一些稍有差异的提法尝试进行些探讨。学术进步宜有赖于在正确条件下的多家争鸣。如果这篇文章有不正确之处，同样希望得到熟悉这个问题的学者批评。

（载《中共党史研究》2023 年第 5 期）

---

[1]《萧劲光回忆录》，第 130 页。

谈苏中七战七捷

苏中七战七捷，在解放战争史上写下了令人难忘的一页。对其贡献和意义，需要从宽阔的视野来考察。

抗日战争胜利后，举国人民欢欣鼓舞地期待能投身和平建设。蒋介石却采纳军政部长陈诚的建议，倚仗美国的大量军援和受降时缴获的大量日军武器，准备在六个月内消灭中国共产党。何应钦的侍从参谋汪敬熙说："陈诚以民国二十年代江西剿匪的经验，认为共军不足以抵抗装备机械化的国军。""委员长心里很急，希望赶快把共产党问题解决，因为在他的心目中要很快实施宪政，如果剿共战争拖得太久，并不符合他预定的时间表。"[1]1946 年 6 月 17 日，蒋介石在"国府纪念周"上报告对中共"处理方针"时说："共果不就范，一年期可削平之。"[2]显然，他已决心从原来准备阶段的"边谈边打"变为国共公开破裂，实行全面内战。

蒋介石发动全面内战，拟从中原和苏中两个解放区着手。为什么选择这两个地区？原因是国民党军队在抗战期间已经退缩到中国的西南各省（还有在名义上控制的西北地区）。抗战胜利后，他们只能倚仗美军的飞机和军舰，将其主力部队紧急运送到北平、天津、济南、南京、上海、武汉、广州等重要城市和附近地区，而这些重

---

［1］《汪敬熙先生访谈录》，台北"国史馆"1993 年版，第 20—22 页。

［2］《徐永昌日记》第 8 册，台北"中研院"近代史研究所 1991 年版，第 289 页。

要城市间的交通线却到处被切断。中原解放区使国民党军难以从武汉沿平汉铁路北上。苏中解放区不仅使国民党军队北上苏北、山东受阻，更因它与南京、上海和苏南隔长江相望，对其形成极大威胁。当国民党政府宣布"还都"南京时，这种威胁感更加强烈。蒋介石自然急于先拔掉这两颗钉子。

从军队兵力部署来看，解放军总部在《中国人民解放战争三年概述》中写道："当时敌人的兵力部署是：用于进攻华东解放区者五十八个旅，约四十六万三千人，内苏北解放区（注：包括苏中解放区）三十一个旅，二十七万二千人，山东解放区津浦路以东，二十七个旅，十九万一千人；用于进攻中原解放区者，二十五个旅，约二十一万七千人；用于进攻晋冀鲁豫解放区者，二十八个旅，约二十四万九千人；用于进攻晋察冀解放区者，十八个旅，约十六万二千人；用于进攻东北解放区者，十六个旅，十六万一千人；用于进攻晋绥解放区者，二十个旅，九万七千人；用于进攻陕甘宁解放区者，十九个旅，十五万五千人；用于进攻广东各游击区及海南岛解放区者，共九个旅，七万五千人。"[1]从兵力的使用上也可以看出，当全国内战开始的时候，国民党当局的重点正是放在中原和苏中。

1946年6月27日，蒋介石在日记中写道："剿匪军事决不能用正式讨伐方式，只有用不宣而战、局部的逐渐解决。但每一战局必须求得一段落，并须准备充分。速战速决为要旨也。"[2]不难看出，在他的选择中，围攻中原解放区和进犯苏中解放区正是他期望

［1］《中国人民解放战争三年概述》，中国人民解放军政治学院党史教研室编：《中共党史参考资料》第11册，内部发行，1979年版，第352页。

［2］《蒋介石日记（手稿本）》（1946年6月27日），原件藏斯坦福大学胡佛研究所档案馆。

的"要旨"。他在 6 月"反省录"中写道："剿匪战斗序列完成。"[1]
在他看来，发动这场战役的准备已经完成，战役可以发动了。

1946 年 6 月 26 日开始的中原突围是国共内战全面爆发的起
点，笔者曾撰文进行介绍，[2]本文不再赘述，只着重讨论粟裕指挥
的苏中七战七捷。

一、战前的苏中解放区

同中原解放区相比较，苏中解放区的社会经济条件和政治军
事实力更有利更强，根据地的建设也更成熟。早在皖南事变前的
1940 年 4 月 1 日，中共中央及中央军委就下达《关于目前华北华
中军事方针的指示》，提出"我八路军有抽调足够力量南下华中增
援新四军，打退反动进攻，消灭投降反共势力，建设新的伟大抗日
根据地之任务"[3]，并指定此根据地以淮河以北、淮南铁路以东、长
江以北、大海以西为范围。同年 9 月，在黄桥成立中共苏北区党委，
以陈毅兼书记、陈丕显为副书记，粟裕、叶飞等为委员。1941 年 3
月，为适应形势需要，根据地党政机构实行"小省委"建制，原苏
北区党委撤销，成立苏中区党委。同时，成立以管文蔚为主任的苏
中区行政委员会（苏中行署）。苏中地区的党、政、群工作全面地、
有条不紊地进行着，中国共产党、八路军同当地民众建立起亲密的
鱼水之情。

---

[1]《蒋介石日记（手稿本）》（1946 年 6 月），原件藏斯坦福大学胡佛研究所档案馆。

[2] 金冲及：《中原突围和全面内战的开始》，《中共党史研究》2019 年第 2 期。

[3]《中央、军委关于目前华北华中军事方针的指示》（1940 年 4 月 1 日），中央档案馆编：《中共中
央文件选集》第 12 册，中共中央党校出版社 1991 年版，第 346、347 页。

1945 年 8 月，日本侵略者投降，抗日战争胜利结束。为了实现全国人民热切期望的和平建国的愿望，中国共产党和中国人民解放军决定实行北撤。在华东，"将原苏南、浙西两个区党委合并，成立苏浙区党委，粟裕、金明分任正、副书记"[1]。凡能随军北撤的成员全部随军渡长江北上。这是一场抢时间的斗争，他们迅速行动起来。"9 月 22 日华中局电示：'粟（裕）率一、三纵王（必成）、陶（勇）部迅速集结完毕，立即出动，叶（飞）率四纵及江南可能转移之部队和地方干部，为第二梯队，作两批转移'。"[2]如此，苏中地区的党政军群的力量有了巨大增强。而国民党在抗日战争期间在江苏北部仅留下韩德勤部少数兵力，战斗力并不强。1946 年 5 月 5 日，国民党政府宣布"还都"南京，蒋介石更急于"扫荡"苏中地区。只过了三天，蒋介石便在 5 月 8 日的日记中写道："令汤司令（注：指第三方面军总司令汤恩伯，不久改为第一绥靖区司令长官）对长江北岸南通以北共匪积极扫荡也。"[3]

但是，国民党军队对苏中解放区的进攻仍延迟了一个多月。这是什么缘故？原因在于东北局势发生了变化。1946 年 3 月初，苏联红军开始从东北重要城市和铁路撤走。国民党军队立刻进驻沈阳。4 月 18 日，国民党军精锐主力新一军和新六军由美国第七舰队抢送，进攻东北要地四平街。解放军经过一个多月顽强阻击后撤离。国民党军队乘势在 5 月 23 日进占长春。蒋介石当天飞往沈阳。5 月 25 日，他兴奋地致信行政院长宋子文："此地实际形势，与吾人在南京想象者完全不同。""只要东北之共军主力溃败，

［1］《七十年征程 江渭清回忆录》，江苏人民出版社 1996 年版，第 255 页。

［2］《叶飞回忆录》上，解放军出版社 2014 年版，第 240 页。

［3］《蒋介石日记（手稿本）》（1946 年 5 月 8 日），原件藏斯坦福大学胡佛研究所档案馆。

则关内之军事必易处理，不必顾虑。"[1]到 6 月 4 日，蒋介石才返回南京。

这时，国民党军在苏中、苏北的指挥者也进行了更换。大约在 6 月 26 日，黄埔一期生李默庵担任第一绥靖区司令。李默庵回忆："当时，国防部下达给我的作战任务是占领苏中、苏北的解放区，分两个阶段进行：第一阶段，攻占东台、兴化、高邮以南地区；第二阶段，攻占盐城、阜宁、淮阳地区。当时，长江以北地区，国民党军队占领着南通、江阴、扬州等地，其他地区如黄桥、如皋、海安等，为解放军占领。长江船只往返，国民党军队只能靠南边行驶，北面航线由解放军控制。""占领这一带解放区的，是人民解放军华中野战军。司令员是粟裕，政委是谭震林，所率部队有第一师、第六师、第七纵队、第十纵队，共计 19 个团，约三万余人，后补入第五旅（三个团）和华中军区特务团。"[2]"而当时第一绥靖区部队有：整编第八十三师，师长李天霞；整编第四十九师，师长王铁汉；整编第二十五师，师长黄百韬；整编第二十一师，师长刘雨卿；整编第六十五师，师长李振；整编第六十九师九十九旅，旅长朱志席；新编第七旅，旅长黄伯先；另外加第七和第十一两个交通警察总队，总兵力达 12 万人。"[3]双方兵力约四比一。

苏中战役就是在这种情况下开始的。

---

[1]《中华民国重要史料初编——抗日战争时期·第 7 编（3）》，台北中国国民党中央委员会党史委员会 1981 年版，第 129、130 页。

[2]《世纪之履——李默庵回忆录》，中国文史出版社 1995 年版，第 255 页。

[3]《世纪之履——李默庵回忆录》，第 256 页。

二、战略方针的确定

　　要取得一场重要战役的胜利，首先需要确定正确的战略方针，包括敌我友三方的情况，军事、政治、经济的关系，战役过程中可能发生的变化和应对的准备等等。没有宏阔的眼光和正确的战略方针，要取得胜利是不可能的。苏中七战七捷的指挥者粟裕，恰恰是一位拥有这样眼光的人。

　　为应对国民党在抗战胜利后向华中地区的进犯，"（1945年）10月8日，中共中央电复华中局，'同意粟裕留华中任司令'。后来又决定由刚从延安返回华中的张鼎丞任副司令员。此时，粟裕刚刚到达长江北岸，不知道中共中央和华中局的上述决定"[1]。几天后，粟裕到达淮安，得知上述决定，当即向华中局负责同志请求任命张鼎丞为司令，自己改任副职。第二天，他又向中央发出电报："我在华中局阅悉中央以职及张鼎丞同志分任正副司令之电示，不胜惶恐。""鼎丞同志不论在才德资各方面，均远较职为高超。""为此，曾再三请求华中局，以鼎丞同志任司令，职副之，未蒙允许。为慎重，更有利于今后工作起见，特再电呈，请求中央以鼎丞同志为司令，职当尽力协助，以完成党中央所给予之光荣任务。"[2]接到粟裕来电后，中共中央在28日开会研究，决定采纳粟裕的提议，由刘少奇在29日复电："中央同意以张鼎丞为华中军区（不称苏皖军区）司令，粟裕为副司令并兼华中野战军司令。"[3]

---

[1]《粟裕传》编写组编：《粟裕传》，当代中国出版社2000年版，第411页。

[2]《请求改任华中军区副司令》（1945年10月27日），《粟裕文选》第2卷，军事科学出版社2004年版，第1页。

[3] 中共中央党史和文献研究院编：《刘少奇年谱（增订本）》第2卷，中央文献出版社2018年版，第125页。

华中军区成立后，粟裕指挥的部队，除原有的第一师和第六师外，又增加了原在淮南、淮北、苏中、苏北的新四军第二师以及第九、七、十纵队，兵力较原来有不小增加。粟裕妥善处理了原分散多处的各路部队的关系，彼此的团结和战斗力都有很大提升。苏中解放区的民众也已充分动员起来，部分地方武装上升为主力部队，伤病员的医治、粮食的供应，都做了充分准备。这些是迎接对敌作战的重要准备。

此时，国民党军队向苏中地区大举进攻的部署越来越紧。7月6日，蒋介石在"上星期反省录"中记录：中原根据地李先念部已由宣化店越平汉铁路西进。他还在"本星期预定工作课目"中将苏北列为重要日程。[1]空气中已充满"山雨欲来风满楼"的紧张气氛。"七月中旬，盘踞在南通的国民党第一绥靖区的汤恩伯（以后为李默庵接替），指挥五个整编师共十五个旅十二万人，向苏中解放区大举进犯。我华中野战军三万余人，奋起迎战，举行了苏中战役。"[2]

这场双方力量悬殊的仗怎么打？很重要的是，要从战争全局的视野和战地实际情况确定作战方向和要点，也就是确定根本的战略方针。对当时的苏中地区而言，首先要确定战争初期的方针是"内线歼敌"还是"外线出击"。

"外线出击"是中共中央在征询各战略区意见时提出的。6月22日，在蒋介石调集大军进攻中原解放区的同一天，中共中央发出这一电报，要求"山东区以徐州地区为主要作战方向"。"粟谭主力对付江北之敌，配合你们作战。""这一计划的精神着重向南，与

---

[1]《蒋介石日记（手稿本）》（1946年7月6日），原件藏斯坦福大学胡佛研究所档案馆。

[2]《粟裕战争回忆录》，解放军出版社1988年版，第353页。

蒋的精神着重向北相反，可将很大一部蒋军抛在北面，处于被动地位。""意见如何望告。"[1]这个战略筹划对未来苏中战局的发展至关重要，战略确定前在上下级间反复讨论是十分必要的。粟裕当时正在淮安，"从实际情况出发，对可能产生的各种情况进行了认真的分析研究，于六月二十七日向中央军委和陈毅军长发电建议，在苏中先打一仗再西移"[2]。这是一个大胆的、也是高度负责的建议。

粟裕同华中分局的邓子恢、张鼎丞、谭震林等共商，他们都同意粟裕的建议，于是联名在 6 月 29 日向中共中央和新四军军部提出建议：

1. 山东主力转至淮北后，其粮草必由华中供给，仅淮北粮草甚难长期支持，必须由淮南至盐阜补助方可。

2. 华中主力转至淮南后，不仅粮食须由华中供给，即民夫运输恐难支持，因淮南地广人稀（仅一百三十八万人口），交通不便。

3. 苏中公粮收入占全华中二分之一，人口即占五分之二（共九百万人口），对支持今后长期战争有极大作用。

4. 苏中当面共有顽军九个师（旅），我军主力亦集中于苏中。如即向淮南转移，不仅午灰［七月十日］难于到达（须迟至午皓［七月二十日］），且将使苏中有迅速被顽占之极大可能。因陶纵七纵全部及□□之两个旅，王纵之一个旅，均系苏中部队编成，致苏中地武已很弱，难于担任钳制任务。如苏中

［1］《全局破裂后太行和山东两区的战略计划》（1946 年 6 月 22 日），《毛泽东军事文集》第 3 卷，军事科学出版社、中央文献出版社 1993 年版，第 283、284 页。

［2］《粟裕战争回忆录》，第 358 页。

失陷，淮南战局万一不能速胜，则我将处于进退两难（苏中大部为水网，如被顽占据不易夺回），如是，不仅对苏中本身不利，即对华中整个作战部队之供应更有极大影响。为此，我们建议：在作战第一阶段中，王陶两纵仍位于苏中，解决当地之敌，改善苏中形势与钳制敌人，使顽无法西调。[1]

这个建议充分体现了延安整风以来提倡的实事求是精神。6月30日，中央军委电复张、邓、粟、谭："部队暂缓调动，待与陈军长商酌后，即可决定通知你们。"7月4日，中央军委又电示："胶济、徐州、豫北、豫东、苏北之顽可能同时向我进攻，果如此，我先在内线打几个胜仗再转至外线，在政治上更为有利。"[2]如此，粟裕等提出的战争初期"内线歼敌"的建议被接受。这一重大的战略性决策由中央和前方反复商讨后做出决断，充分体现了中国共产党的党内民主精神。

战略方针确定了，苏中七战七捷的具体作战便一步一步地展开了。

三、七战七捷是怎样取得的

战略方针确定后，还需要依靠切合实际、灵活多样的战术去实现。但如果战略方针是错误或反动的，任何战术也无法拯救它，无法使它达到目的。

---

[1]《建议华中主力第一阶段先解决苏中之敌》（1946 年 6 月 29 日），《粟裕文选》第 2 卷，第 55、56 页。

[2]《建议华中主力第一阶段先解决苏中之敌》（1946 年 6 月 29 日），《粟裕文选》第 2 卷，第 57 页。

蒋介石决心国共全面破裂的反动战略方针越来越清晰。他在 6 月 13 日对新任参谋总长陈诚谈起战术问题时说："对共作战，应运用闪电战术，速战速决。可研究往年日本在中国战场上使用之攻击方法，此种战术最基本之条件为：（1）情报之准备与准备之充分；（2）行动极端秘密，尤以装备轻快与迅速机动之部队为最要。"[1]但国民党军队进入苏中解放区后，由于脱离群众和骄傲自大，这两条"战术"和"方法"一条也没有做到。

在中原解放军突围之时，国民党第一绥靖区进攻苏中解放区的作战开始了。这是一场兵力悬殊的对战，粟裕回忆："敌人进犯苏中解放区的企图，看来是首先攻占我苏中南部地区，然后在淮南及徐州之敌配合下，进占两淮，速战速决，一举占领我苏中、苏北。当时我苏中第一师（两个旅六个团）、第六师（两个旅六个团）和地方武装上升的第七纵队（四个团）、第十纵队（三个团），共十九个团，约三万余人，敌人兵力为十二万，敌我兵力对比悬殊。"[2]

国民党原定对苏中解放区发动进攻的日期是 7 月 13 日，但油印作战计划被华中解放军获得并转交给马歇尔。挑起内战的铁证如山，蒋介石狼狈不堪，不得不在 12 日暂停进攻，这就使得华中解放军有了一个较为从容的应对时间。

敌军人数众多，且有解放军以往没遇到过的美械装备，如果分兵将难以应付。只有集中力量攻其无备的一点，争取全胜，才能改变全局形势。这就面临一个首战地点的选择问题。当时可供选择的地点有三处，选择是否恰当，直接关系作战的成败。极端熟悉战场情况的粟裕判断：三处中，一处是泰州，离苏中解放区的首府淮安

---

[1] 高素兰编：蒋介石档案《事略稿本》卷 66，台北"国史馆"2012 年版，第 96 页。

[2]《粟裕战争回忆录》，第 362 页。

较近，是一个中等城市，但当地河网纵横，不利于大兵团行动。如果不能速决，很可能让对方不断增加的军队乘虚而入。另一处是南通、白蒲一路，距离较远，沿江敌军可能突破解放军阻击阵地。如此，只有打宣家堡、泰兴这一路最为有利。这是国民党军队准备进攻苏中地区的出发点。已到达的国民党军队只有美式装备的整编第八十三师（原一百军）两个团，他们对当地实际情况不熟，民心不顺。苏中解放军出敌意外地集中第一师、第六师、第七纵队于宣泰地区，同对方形成六比一的优势。虽然第七纵队是刚由地方武装升级而成的，但另外两个师都是经过长期战斗锻炼的主力部队。

7月10日，从情报得知国民党军5个整编师约12万人将在3天内从南通、靖江、泰州、泰兴出发，向如皋、海安发起进攻。"粟裕同志认为：敌众我寡，敌强我弱，等敌人攻到跟前再抵御就晚了，不能硬拼，只能巧取。他迅速下定决心，在苏中前部地区作战，以整编第八十三师为首歼目标，到敌人进攻的出发地宣家堡和泰兴去打。"[1]整编第八十三师是蒋介石的嫡系部队，美械装备，经过美国教官训练，抗战后期作为远征军在缅甸作过战，战斗力较强，先到达该地的这一路是整编第八十三师的先头部队共两个团。

粟裕在当天召开的会议上说："现在，敌人是三路而来，拉开架子要和我们拼消耗。我们恕不奉陪，专打他一路。"他又说："敌人十二万人马进攻我们三万多人，是四打一，我们这么一来，还了它个：六打一！""同志们，这是初战，必须打好。"[2]这一招是国

---

[1] 严晓燕编著：《在粟裕身边的战斗岁月——老侦察科长严振衡的回忆》，中央文献出版社2009
    年版，第267页。

[2] 陶勇：《苏中初战》，《苏中七战七捷》编写组编：《苏中七战七捷》，江苏人民出版社1986年版，
    第332页。

民党军队始料未及的。刚到南通接任的李默庵部"各级指挥官对自己部队还有一定信心，因为抗战刚胜利，对解放军的厉害还没领教过，以为自己部队能打，都把解放军力量估计不高"[1]。由于当地民众的严格保密，国民党军根本摸不清解放军的虚实和动向，不知道解放军主力竟集中在宣泰地区。

时任华中野战军作战科科长的严振衡回忆："宣家堡、泰兴战斗打响时，刚到南通接任的敌第一绥靖区司令李默庵对情况不很清楚，他准备分四路合击如皋，他们预定于7月15日开始同时发起进攻。但我们突然动了手，李默庵把整编四十九师主力集中到白蒲一线准备出发，一看泰兴打起来了，他心中没底，怕我军声东击西，就命令整编四十九师赶快回缩到平潮，以保南通。他一出一退，白送给我们两天一夜，我们赢得了时间。""15日晨，我第一师经一夜激战，全歼宣家堡之敌。""我军歼灭国民党整编第八十三师两个团另两个营三千余人，取得了苏中战役第一次作战胜利。"[2]

这是苏中战役的第一仗，也是对经过整编的美械装备的国民党军队的第一仗，取得了前所未有的新作战经验。

紧接着宣泰战斗后的是奔袭如南。

宣泰战斗的胜利，完全出乎国民党军队意料。由于苏中民众严格保守秘密，他们根本不知道苏中解放军主力的所在和动向，以为解放军主力仍在宣泰地区，而且经过这一仗后伤亡必大。从这样的估计出发，他们急调几个师的兵力，准备乘势夺取苏中解放军后方的如皋，以便从三面夹击处于危境中的解放军。

[1] 罗觉元：《第一绥靖区李默庵部进攻苏北解放区的回忆》，中国人民政治协商会议全国委员会文史资料委员会编：《文史资料存稿选编·全面内战》上，中国文史出版社2002年版，第440页。
[2] 严晓燕编著：《在粟裕身边的战斗岁月——老侦察科长严振衡的回忆》，第271页。

面对这样的危局，粟裕的对策是："迅速转移兵力，以主力作远距离机动，直插进犯如皋的第四十九师侧后攻击之。"他说："此案的缺点是要强行军一百几十华里（第六师的距离更远些），两夜激战之后继以疾走，将减弱战斗力。但优点是明显的，主要是这一行动必然大出敌人的意料。此时，敌人以为我主力在西边，第四十九师将放心大胆地向我如皋挺进，我军来一个长途奔袭，创造歼敌于运动中之良机，将陷敌于被动混乱的境地。当然，要做到这一点，我军必须打得、饿得、跑得，能够连续地打仗，行军，打仗，而这正是我军的特长。"[1]苏中解放军第六师师长王必成回忆道："时间紧迫，我们召集各旅、团首长下达了作战命令后，不待各旅、团传达任务，即整装出发。在行军路上，各旅团边走边布置作战任务，边进行宣传鼓动。""夜行百里，向东疾进，经过两夜的急行军，于18日拂晓前抵达预定作战地区。"在第一师和第八师等联合作战下，"如南战斗，是苏中战役的第二仗，全歼了敌49师师部、26旅全部和79旅大部，达到预期的作战目的"。[2]

7月19日，解放军乘国民党军队间存在空隙，全歼敌整编第四十九师师部和第二十六旅。同一天，陈诚奉蒋介石之命，"令饬第一绥靖区之序列划归徐州绥署指挥"[3]。徐州"绥署"主任是蒋介石一向器重的高级将领薛岳，这是国民党军队连遭挫败后在指挥系统上的一点调整。此时，国民党军仍倚仗其优势兵力，从北路来的整编第六十五师占领黄桥后向东增援，从南路来的整编第八十三师经

［1］《粟裕战争回忆录》，第371页。

［2］王必成：《慎重初战，旗开得胜》，陈丕显等：《虎将王必成》，解放军出版社1992年版，第489、490页。

［3］高素兰编：蒋介石档案《事略稿本》卷66，第385页。

姜堰东进，目标都是北上进攻如皋。而解放军的阻击力量只有两个团，自然不宜硬拼。国民党军在 7 月 23 日乘隙进占如皋，企图继续进攻海安，并寻找华中解放军主力决战。华中解放军主力已连续作战十多天，十分疲惫，伤亡达 5000 余人。为了争取部队有短期休息，粟裕将第一师、第六师主力撤至海安东北地区休整，派第七纵队节节抗击，多次击退国民党军队的猛攻。国民党军队以 8 架飞机连续轰炸，解放军新筑阵地在敌机轰炸、炮火摧毁和暴雨冲击下大部垮塌。"第七纵队在海安防御战斗中，作风顽强，指挥灵活，仅用了两个团又两个营约三千多人的兵力，连续进行了四天多的战斗，英勇地抗击了具有优势装备的七个旅约五万多敌人。在正面和纵深比较狭小的地区内，勇敢机智地打退了敌人多次轮番猛攻，先后杀伤敌三千余人，我仅伤亡二百余人，创造了敌我伤亡十五比一的新纪录。"[1]

　　蒋介石是怎么看待这两仗的？他在 7 月 27 日所作"本星期反省录"中写道："如皋之役，第四十九师损失甚重。泰兴之役，第一百军亦然。但卒能击退共军，收复如皋、黄桥。"[2]这反映了国共两党战略思想的不同：蒋介石自恃兵多，虽然感到这两次战斗兵力损失很大，但更看重土地和城镇的得失；而解放军更看重军队有生力量的消长，不过分在乎一时一地的得失。一部解放战争的历史，恰恰证明后一战略思想战胜了前者。这在解放战争一开始就表现出来，以后更一再体现。

　　苏中战役的第三仗是海安之战。

　　经过宣泰、如南两仗，国民党军队被歼两个半旅。但它又集中六个旅，分路从如皋、姜堰出发合击苏中解放区的重镇海安。海安

---

[1]《战役综述》，《苏中七战七捷》，第 19 页。

[2] 高素兰编：蒋介石档案《事略稿本》卷 66，第 430 页。

是苏中的战略要点和交通枢纽，多条重要公路和河流都交汇于此。国民党军队在进占如皋后，认为海安战略地位重要，解放军势在必争，企图倚仗优势兵力，在海安寻求与解放军决战，一举消灭苏中解放军主力。

在这种形势下，决策至关重要。7月30日，毛泽东为中央军委起草电报："在我军主力未获充分补充休息恢复疲劳以前，及敌未进至有利于我之地形条件以前，宁可丧失一些地方，不可举行勉强的无把握的作战。此次粟部歼敌二万，打得很好，今后作战亦不要过于性急，总以打胜仗为原则。敌以十万大军向我进攻，我损失若干地方是不可免的。你们应有对付恶劣环境之精神与组织准备。"[1]8月2日，粟裕复电："我们决定即于明晨拂晓放弃海安，将主力主动向富安及其东北地区转移，以待今后情况之变化。"[2]

这是苏中战役的第三仗，从7月30日打到8月3日，解放军主力撤出海安。国民党军的作战计划未能实现，还被杀伤3000人以上，解放军只动用3000多人，伤亡仅200多人。

国民党军队占领海安后，认为苏中解放军大势已去，甚至认为解放军伤亡达两三万人，于是骄兵轻入，准备分兵东进，"清剿"后方，而对潜伏在海安东北一二十里近处的解放军主力第一、第六师3万人的情况一无所知。

8月8日，中央军委给陈毅和粟裕回电，要华中军区凡是可以调动的预备队尽量满足粟裕的要求，集中兵力使用于重要作战方向。如此，发动一场新的战斗的条件已经成熟。8月10日，解放军向当地的李堡突然发起攻击，全歼守敌。紧接着，解放军利用高

---

[1]《宁可丧失一些地方不可勉强作战》(1946年7月30日)，《毛泽东军事文集》第3卷，第369页。

[2]《决定放弃海安北移待机》(1946年8月2日)，《粟裕文选》第2卷，第71页。

梁、玉米地进行伏击。不明实际情况、正从海安前往李堡接防的国民党军队顿时陷入一片混乱。这一仗打得干净利落，主要战斗进行了 16 小时，歼灭国民党军新七旅全部、第一〇五旅旅部及一个团，俘虏新七旅旅长和副旅长以下 5000 余人，毙伤 3000 余人，解放军伤亡 900 余人。

这是苏中战役第四仗，当然是一个大胜利。

此时，蒋介石在美国支持下对解放区发动全面进攻。国民党军在力量对比上仍暂占优势，准备在苏皖地区发动大举进攻。淮南地区解放军要求增援。如此，苏中解放军战争从全局来看，究竟是向淮南进行外线出击还是继续在苏中内线歼敌，这一问题又一次被尖锐地提了出来。经研究并经中共中央批准，解放军决定仍坚持内线作战，在苏中再打几仗。1947 年 3 月 6 日，毛泽东为中央军委起草的电报指出："考虑行动应以便利歼敌为标准。不论什么地方，只要能大量歼敌，即是对于敌人之威胁与对于友军之配合，不必顾虑距离之远近。"[1]事实上，华中野战军最初提出的先在内线打几个胜仗再转到外线的计划，已经发展成内线持久作战的战略方针了。

李堡伏击战打破了国民党迅速解决苏中问题的梦想。连续四次打击，已消灭国民党军 3 万多人，使其机动兵力不多，不得不调整部署，把重点放在扼守南通、丁堰、如皋、海安这条公路干线上，以确保其占领区安全。同时，国民党准备以整编第二十五师从扬州、仙女庙地区乘虚北攻邵伯、高邮，威胁淮阴、淮安。苏中解放军在李堡战斗中伤亡很少，而华中军区增调的生力军第五旅和军区特务团也在此时到达，队伍由 16 个团增加到 20 个团。而国民党

---

[1]《考虑作战行动应以便利歼敌为标准》(1947 年 3 月 6 日),《毛泽东军事文集》第 4 卷, 第 1 页。

在南通、如皋一带的兵力比较薄弱，新调来的整编第二十一师和交通总队战斗力不强。敌我态势有了很大变化。粟裕提出要"钻到敌人肚子里去打"，严重威胁国民党军的后方基地，造成歼敌良机。华中野战军随即以黄桥为进攻方向，缩小正面进攻范围，从丁堰、林梓打开缺口。8月21日，战斗打响。丁堰、林梓的国民党守军3000多人被歼，各据点的国民党军未敢出援。

这是苏中战役的第五仗。

正当华中野战军在丁堰、林梓激战时，国民党军队又发动新的攻势：一路在淮北战场由宿县东进，占领睢宁，准备向苏中解放区首府淮阴进攻；另一路是整编第二十五师，沿运河公路北上，向邵伯、乔墅、丁沟进攻。时任华中野战军第十纵队政治部主任的孙克骥回忆道："当时敌人进犯华中的企图，是首先占领苏中南部地区，然后在淮南、徐州之敌配合之下，攻占华中首府——两淮。邵伯是运河线南端的重镇，是南线的右翼。此地之得失，不但关系到两淮的安全，更直接影响到两泰、如皋地区主力的作战行动。""纵队接到任务之后，部队开展了深入的政治动员，反复阐明内战迫在眉睫的形势，分析我军必胜、蒋军必败的种种条件，……部队士兵的成分，绝大多数是分得土地的农民，这就把当前反内战的意义，同每一个士兵的阶级利益紧密地联系起来了。""华中野战军第十纵队及华中军区第二军分区的部队，负责坚守以邵伯为重点的运河线，自八月二十三日到二十六日，在邵伯一线同国民党军队血战了四天，敌伤亡二千余人，而邵伯屹立不动，确保了运河线，取得了邵伯战斗的辉煌胜利。"[1]

---

[1]　孙克骥：《忆邵伯保卫战》，《苏中七战七捷》，第429、430页。

　　这是苏中战役的第六仗。

　　苏中七战七捷的最后一仗是"攻黄救邵"。

　　苏中解放军在邵伯取得胜利、打开西进门户后，国民党军队并不甘心。淮北方面的国民党军由宿县地区准备向淮阴进攻，驻扬州的国民党军第二十五师也沿运河北上进攻邵伯，局势确实非常险恶，邵伯更是国民党军队当时集中攻击的重点。

　　粟裕的主要着眼点始终在歼灭敌人的有生力量。他在回忆录中写道："主力部队按原定计划，来一个'攻黄（桥）救邵（伯）'，用攻其所必救的办法来调动敌人，寻歼敌人于运动中，并解邵伯之围。""这是一着奇兵，也是一步险棋。这个地区，南是长江，东、北、西三面都有敌人许多据点连成的封锁线。封锁圈东西百余里，南北仅数十里。由于老区组织严密，敌人得不到情报，反应迟钝多误。"[1]"就整个苏中战场来说，敌我兵力是三点五比一，由于我们灵活用兵，在第一、二、四、五各次战斗中，我们都集中了三倍以上的兵力对付待歼之敌，有时为了保证全歼和速决，还集中了绝对优势的四倍、五倍、六倍于敌之兵力。""在当时紧急情况下，我们立即调整部署，采取断敌后路、隔断敌人东西两路联系的办法，使之无法靠拢和逃脱，然后选取较弱的第九十九旅两个团先行歼灭。""第九十九旅已在如黄路上就歼，第一八七旅等部也将不保。消息传来，敌全线震惊，深受威胁，且伤亡已达两千多人，再打下去，凶多吉少，终于在二十六日黄昏时候狼狈撤回扬州。进行了四昼夜的邵伯战斗遂胜利结束。""如黄路战斗，我军共歼敌两个半旅，一万七千余人。这一仗打得干净利落，表明我们在指挥艺术和

---

[1]《粟裕战争回忆录》，第388页。

作战方法上都有了新的提高。"[1]严振衡回忆道:"如(皋)黄(桥)大捷是苏中七战七捷歼敌最多的战斗,这是第七仗。这一仗我们共歼敌二个半旅,一万七千余人,缴获各种炮五十余门,轻重机枪六百挺,长短枪三千五百多支。我军伤亡三千余人。"[2]

战役结束后,延安总部发言人就国民党军对苏中进攻惨败对新华社记者发表谈话,称这个战役为"七战七捷",并指出它对今后的战局发展是有重大影响的。[3]

四、七战七捷的历史意义

苏中七战七捷并非解放战争时期规模最大的战役,但它在中国共产党历史,特别是在中国人民解放军战史中具有特殊而又重要的历史地位。这同它所处的历史方位直接相关。如前所述,1946 年 6 月,全国大规模的内战爆发。国民党军进攻的焦点,一个是中原解放区,一个是苏中解放区。围攻中原解放区从 6 月 26 日开始,进攻苏中解放区则从 7 月 13 日开始,两者都是为国民党军向北进军扫清障碍,可以说是同一个计划的两个组成部分。

苏中解放区襟江带海,地富人稠,同国民党的政治中心南京和全国经济中心上海隔江对峙。"卧榻之侧,岂容他人鼾睡。"所以,苏中是国民党必争之地。他们调集十余万兵力向苏中进攻,进攻队伍中还有着美械装备的军队。李默庵写道:"国民党军队方面,有飞机配合作战,有大炮、汽车等装备,不少轻武器是美国援助的,

---

[1]《粟裕战争回忆录》,第 389、390、391 页。

[2] 严晓燕编著:《在粟裕身边的战斗岁月——老侦察科长严振衡的回忆》,第 290 页。

[3]《粟裕战争回忆录》,第 393 页。

如汤姆式冲锋枪等,是比较先进的。从表面上看,战斗力是远远超过了解放军。"[1]解放军从未与这样的军队作过战,不曾有过这样的作战经验。不少人担心解放军能不能战胜这样的敌人,这确是一场严峻的考验。

苏中七战七捷对此做出了很好的回答:看起来强大的、难以战胜的敌人是可以战胜的。人心的向背对局势的发展具有无形的巨大力量。担任过国防部长的开国上将张爱萍评论道:"这一胜利,对于扭转整个解放区南线战局的形势,实现中共中央军委的战略计划,并对尔后的战局的发展,都产生了较大的影响。这一胜利,获得了歼灭美械装备国民党军的经验,对于研究敌我双方变化了的特点,探索解放战争的基本规律,起了战略侦察的作用。这一胜利,锻炼了部队,顿挫了敌军的进攻锐气,坚定了解放区军民敢打必胜的信心,争取了转入战时体制的时间,同时也配合和支援了其他战略区的作战。这次战役的胜利,在人民解放战争史上,写下了光辉的一页。"当然,要做到这点是极不容易的。张爱萍又写道:"如何实现从抗日战争胜利后的暂时和平状态转入战时体制、从游击战为主转入以运动战为主的战略转变,是解放战争初期的重大问题。"[2]

中央军委在1946年9月16日发布《集中优势兵力,各个歼灭敌人》的指示,强调:"集中优势兵力、各个歼灭敌人的作战方法,不但必须应用于战役的部署方面,而且必须应用于战术的部署方面。""这种战法之效果是:一能全歼;二能速决。""集中兵力各个歼敌的原则,以歼灭敌军有生力量为主要目标,不以保守或夺取

---

[1]《世纪之履——李默庵回忆录》,第276页。

[2] 张爱萍:《序言》,《苏中七战七捷》,第1、2、3页。

地方为主要目标。"[1]指示特别举出"我粟谭军"在如皋附近多次歼敌的经验，可见这些经验对日后解放战争的发展起着不可忽视的作用。

苏中七战七捷，发生在日本投降后国共两党状况均产生重要变化、敌我军事实力悬殊、解放军面对着许多过去从未遇到过的战争新特点的历史条件下。如何在这样的条件下取得七战七捷的胜利？用粟裕的话来说，这副重担"推动着我们对敌我双方情况进行调查研究，分析敌我双方互相对立着的许多特点；推动着我们反复思索，从中探寻战争的客观规律，特别是战争初期的规律；并努力使自己的行动适应客观存在的规律，以争取胜利"[2]。

粟裕这段本着亲身经历所说的话，不正可以当作教科书来读吗？

粟裕夫人楚青在《粟裕战争回忆录》编后记中讲道：粟裕原来一直不愿意写自己的回忆录，直到1976年夏季，才下决心把它写出来。楚青写道："有一天，他对我说：'你多次希望我把自己亲身经历过的战役、战斗写出来，但我从来不准备写。现在，我郑重地考虑了，决心写。'""他又说：'我将主要地写战役、战斗的背景，作战方针的形成，战场形势的演变以及我个人在当时形势下所作的若干考虑，以求能如实地反映一个战役指挥员是怎样去认识和掌握战争规律以夺取胜利或者导致失败的。'"

为什么粟裕原来一直不愿意写战争回忆录，却在晚年病重时决心写了？这完全是出于历史责任感。"他说，毛泽东军事思想的灵

---

[1]《集中优势兵力，各个歼灭敌人》(1946年9月16日)，《毛泽东选集》第4卷，人民出版社1991年版，第1197—1199页。

[2]《粟裕战争回忆录》，第394页。

魂是唯物辩证法，把毛泽东军事思想归结为几条固定的公式，把错综复杂的战争进程表述为高明的指挥者早就规划好的，并以这些观点来教育下一代，打起仗来是会害死人的。"他还说："战争是要死人的！我是一个革命几十年、打了一辈子仗的老兵，如果面对新的形势，看不出问题；或者不敢把看出来的问题讲出来，一旦打起仗来就会多死多少人，多付多少代价。而我们这些老兵就会成为历史的罪人。"[1]

他的这些话语重心长，饱含深情，值得后人深思。

（载《苏区研究》2024 年第 1 期）

---

[1] 楚青：《编后记》,《粟裕战争回忆录》，第 647—649 页。

后　记

三联书店向我提出本书选题时，我有些犹豫。原因是：一、在做学问上，我已处暮年，要专门写一部谈治史方法论的书，已力不从心；二、自古"诗无达诂""文无定法"，治史方法也是"史无定法"，可以有多种方法。但前几年我在北大、复旦、中共党史研究室、中国社科院等处与年轻朋友和同行做过多次交流，有些讲话已经分散发表，其中关于治学基本功与问题意识等话题引起不少朋友的兴趣，以后常有读者朋友问及此类问题。我想既然如此，那就不妨集中整理出来，以便与更多读者共勉。

我对治学方法的认识有一个摸索的过程。我今年94岁，自幼喜爱历史，看的书很杂。1946年，同几个同学读艾思奇的《大众哲学》，一起进行讨论。这本书实际主要讲了马克思主义的辩证唯物主义的基本思想，文字明白易懂，很有吸引力。当时自己十分年轻，又正处在国民党统治下，读到这样一本书，顿觉耳目一新，在脑中扎下根，终生难忘。以后又读了许多前辈学者的著作，特别注意他们是怎样工作和思考的，而不只是注意他们是怎样叙事的。这样积累久了，就形成了自己的治学方法。

书中所收文章大多为这些年来陆续写就，以治学基本功、问题意识、如何写文章开篇，因为这些确也是治史的基本要求。全书文章与文章之间看似无逻辑联系，但实际上有一条主线贯穿其中，那就是问题意识。我 16 岁入复旦大学读书，老师周谷城常说："你如果能提出一个好的问题，文章就成功了一半。"提出了一个好问题，接着自然是努力去解决它，而你本来没有解决的问题，往往也是其他人眼中的问题。这样它的意义就更大了。这种严格的学术问题意识训练，为我此后的治学打下了可靠基础。而在接触了马克思主义后，就觉得眼前豁然打开了一片新天地，原来千头万绪的历史现象，能够从根本上得到科学的完整的解释，并在实践中证明其正确。这就是马克思主义方法论。

自己几十年来读书、写文章，总会遇到一个又一个问题，总是会边读边想，之后再把对问题思考的结果写出来。就这样，一个问题带动另一个问题，一篇文章又带动写另一篇文章。因此，这本书与其说是写给别人看，不如说是记录自己因问题产生而做的寻求解答的探索过程，也是向读者朋友们报告我一点学习、思考和探索的过程。

书中收入的"外二篇"，是去年我 93 岁时写的论文。今年以来真是写不动了。这二篇文章虽称不上封笔之作，但今后类似的专题研究怕是写不了了，故收此，权当做个纪念。

金冲及

2024 年 4 月 16 日